Jürgen Hauskeller · Im Namen des Satans

Jürgen Hauskeller

Im Namen des Satans

Das verlockende Spiel mit dem Bösen

R. BROCKHAUS

R. Brockhaus Taschenbuch Bd. 519

Umschlaggestaltung: Carsten Buschke, Solingen
Umschlagfoto: Bavaria Bildagentur, Düsseldorf
Gesamtherstellung: Breklumer Druckerei Manfred Siegel KG
ISBN 3-417-20519-0
Bestell-Nr. 220 519

INHALT

Herzlich möchte ich mich bei allen bedanken, die mir beim Schreiben des Buches geholfen haben. Besonders bei meiner Frau Helgard, bei Cornelia und Peter Beyer und allen anderen, die mich in Gesprächen immer wieder ermutigt und zum Weiterschreiben motiviert haben, Mathias Finhold, der mir am Computer geholfen hat, und Sabine Vogel, die das Manuskript korrigierte.

Jürgen Hauskeller

EINLEITUNG

»Sie kommen aus Sondershausen? Ist das nicht die Stadt, wo Satanisten einen Jungen umgebracht haben? Grauenhaft!«

So oder ähnlich ist mancher Sondershäuser im letzten Jahr angesprochen worden, wenn er irgendwo in der Bundesrepublik zu Besuch war und sich vorstellte. Dabei gäbe es andere und schönere Dinge über die Stadt zu erzählen.

Aber Sondershausen und der Mordfall sind durch die Presse und die Medien gegangen. Alle Tages- und Wochenzeitungen, die seriösen Gazetten und die Revolverblätter haben berichtet. Wochenlang. Zunächst unmittelbar nach der Tat im Mai und Juni 1993 und dann noch einmal, als es im Januar und Februar 1994 zum Prozeß in Mühlhausen kam. Auch Funk und Fernsehen waren immer dabei. Auf allen Sendern und Kanälen wurde berichtet.

So hat Sondershausen seine traurige Berühmtheit erlangt.

Nicht wegen eines Mordes. Das ist nichts Besonderes mehr. Das wäre nur eine kurze Mitteilung in der Lokalpresse wert gewesen. Aber »Satanisten erwürgten mit einem Elektrokabel einen Mitschüler!« Das ist eine Story. Der Hintergrund und die Begleitumstände versprachen Interesse. Und so bemächtigten sich die Journalisten des Themas »Satanismus«.

Was dabei herauskam, war in seiner Unsachlichkeit teilweise schlimm. Schon der Name »Satan« oder das Wort »Teufel« in der Schlagzeile verbunden mit anderen Begriffen wie Kult, Messe, Anbetung, Kinder oder Mord garantierte eine neugierige Leserschaft.

Wo Informationen fehlten, wurden sie erfunden.

Wo sie zu schwach waren, wurden sie übertrieben.

Als die Journalisten und Fernsehteams nach vierwöchiger Jagd auf Informationen und Sensationen Sondershausen im Juni 1993 wieder den Rücken kehrten und links liegen ließen, war die Stadt wie plattgewalzt. Oft hatten sie einfach mangelhaft recherchiert oder aus Dummheit falsch interpretiert, so daß die Informationen fehlerhaft oder unglaubwürdig waren. Dadurch war es in Zukunft fast unmöglich, das Geschehene sachlich richtig wiederzugeben und einzuordnen. Erfreulicherweise gab es auch Journalisten und Fernsehsendungen, die sich um solche Sachlichkeit redlich mühten.

Aber auch sie hatten es nicht einfach, denn die Sache, um die es ging, war eben nicht nur ein Mordfall sondern auch der Satanismus. Und über Satanismus spricht man in unserer so aufgeklärten Zeit nicht. Für viele – wenn nicht alle – Bundesbürger ist er so weit weg, so mittelalterlich, daß er nicht einmal als Stichwort im Rechtschreibduden auftaucht.

Es hat nicht an Versuchen gefehlt, in Frage zu stellen oder gar zu leugnen, daß der Mordfall in Sondershausen etwas mit Satanismus zu tun hat. Einerseits war dies das Ergebnis einer Berichterstattung über den Mordfall, die die satanistischen Bezüge durch Fehldarstellung und Übertreibung so karikierte, daß man nur noch dumme und makabre Witze darüber machte. Zum anderen war es Unwissenheit.

Lange Zeit bewegte sich die Diskussion zwischen Extremen hin und her. Die einen sprachen und schrieben von Ritualmord und waren unermüdlich auf der Suche nach rituellen Handlungen der Satanisten. Die anderen stellten das Ganze als normalen jugendlichen Interessenkonflikt dar, der ungewollt einen tragischen Ausgang genommen hatte, bei dem aber der Satanismus keine Rolle spielte und deshalb unberücksichtigt bleiben mußte.

Beide Positionen sind falsch.

Nach vorliegenden Erkenntnissen ist Sandro nicht Opfer eines Ritualmordes. Gegen die immer wieder auftauchende Version eines »Ritualmordes« wende ich mich, seit ich die Umstände des Todes von Sandro kenne. Damit ist aber der Satanismus nicht aus dem Spiel. Im Gegenteil. Denn der Satanismus ist eine Denkungsart und eine Lebenseinstellung, die nicht eines Rituals bedarf, um sich Ausdruck zu verschaffen.

Gerade das macht der Fall von Sondershausen so überzeugend deutlich. Und beim genauen Hinsehen erweist sich auch die Position als falsch, die in allem nur ein jugendlich-pubertäres Imponiergehabe mit tödlichem Ausgang sieht, bei dem der Satanismus genausowenig eine Rolle spielt wie das Ergebnis eines Spieles der Fußballbundesliga.

Der Prozeß vor dem Landgericht Mühlhausen hat keinen Zweifel daran gelassen, daß die Mörder von Sandro Beyer sich nicht nur selbst »Satanisten« genannt, sondern auch satanistisches Gedankengut verbreitet und danach gelebt haben.

In dem 1994 erschienenen Buch »Satanskinder – Der Mordfall Sandro B.« von Liane v. Billerbeck und Frank Nordhausen wird eindrucksvoll und erschütternd dargestellt, welches Ausmaß und welche Formen der Satanismus in Sondershausen hatte. Umfangreiches Material mit vielen Details haben die Autoren bei ihren Recherchen zusammengetragen. Durch psychologische Erklärungen der Vorgänge und Zusammenhänge unternehmen sie den Versuch, den »Satanismus« zu entmythologisieren, ihm auf ihre Art die Maske vom Gesicht zu reißen.

Die Verfasser des Buches sind keine christlichen Autoren. So bleibt ihnen nur eine psychologische Deutung des Geschehenen. Danach ist der Sondershäuser Satanismus am Ende nur ein Pennälerjux, ein Zeitvertreib unausgelasteter und nach Aufmerksamkeit suchender Halbwüchsiger gewesen. Eine gefährliche Verharmlosung.

Richter Jürgen Schuppner, der als Vorsitzender der 3. Großen Strafkammer des Landgerichts Mühlhausen Anfang 1994 das Verfahren leitete und das Urteil verkündete, wandte sich am Ende der Verhandlung mit folgenden Worten an die Angeklagten:

»Wenn Sie immer noch glauben, daß der Mord nichts mit dem Satanskult zu tun hatte, dann ist das ein verhängnisvoller Irrtum. Wir sind davon überzeugt, daß diese Tat ohne diesen Hintergrund nicht möglich gewesen wäre. Ganz gleich aus welchen Motiven Sie angefangen haben, sich dem Satanismus zuzuwenden. Als Sie das getan haben, hat er etwas in Ihnen zerstört: die Achtung vor dem Wert des Lebens!«

In der schriftlichen Urteilsbegründung ist diese Passage nicht zu finden.

Es ist fast kein Verhandlungstag vergangen, an dem der Satanismus nicht Gegenstand von Zeugenaussagen oder Erklärungen der Angeklagten gewesen ist. Offen haben sich die Angeklagten während der Verhandlung zu ihrem satanistischen Glauben bekannt. Aber die drei jugendlichen Täter sind nicht wegen ihres Glaubens, sondern wegen gemeinschaftlichen Mordes zu hohen Jugendstrafen verurteilt worden.

Das ist juristisch korrekt. Denn der Satanismus genießt nach Artikel 4 des Grundgesetzes der Bundesrepublik Deutschland den Schutz der Glaubens- und Religionsfreiheit, ebenso wie der christliche, jüdische oder islamische Glaube. Dennoch kommt die schriftliche Begründung des Urteils in der Darstellung der Tat und ihrer Vorgeschichte bei allen drei Tätern immer wieder darauf zurück, daß der Satanismus ihre Entwicklungsgeschichte wesentlich beeinflußt hat und der geistige Antrieb des Geschehens in Sondershausen gewesen ist, das in die Katastrophe geführt hat. Das Gericht hat immer wieder darauf hingewiesen, daß es keinen unmittelbaren Zusammenhang zwischen Tat und Satanismus gäbe, wohl aber einen mittelbaren. Diesen mittelbaren Zusammenhang des Satanismus mit dem Tod von Sandro Beyer will das vorliegende Buch darstellen.

Der Satanismus hat mit auf der Anklagebank in Mühlhausen gesessen, wie wir das auch erwartet haben, aber er ist nicht verurteilt worden. Das Gelächter aus der

Hölle war noch lange nach der Urteilsverkündung zu hören.

Die Aufgabe ist unerledigt, am Sondershäuser Fall den Satanismus in seinen Ursachen, seiner Wirkung und vor allem in seiner Gefährlichkeit darzustellen. Nach den unbefriedigenden Versuchen, dem Problem des Satanismus mit journalistischen, psychologischen und juristischen Mitteln beizukommen, möchte ich den Satanismus aus christlicher Sicht betrachten, einordnen und bewerten.

Der Satanismus ist eine religiöse Perversion und muß aus diesem Grunde auch unter religiösen Gesichtspunkten betrachtet werden. Ob als Sekte in organisierter Form mit perversen und kriminellen Praktiken oder in einer selbständigen Gruppe, die alles mögliche ausprobiert – immer geht es in der Ideologie, in der Weltanschauung und in den kultischen Praktiken um religiöses Begriffsmaterial.

Wer sich damit auskennt, kann verstehen, was im Satanismus eigentlich »abgeht«. Im satanistischen Gedankengut liegt die Gefahr.

Oft haben Kinder, Jugendliche, Eltern, Lehrer und Kommunalpolitiker, denen jede Beziehung zu religiösen Kategorien fehlt und die mit religiösen Begriffen nichts anfangen können, Stellungnahmen und Einschätzungen abgegeben. Ihre Äußerungen zum Satanismus sind darum in der Regel sehr oberflächlich und dringen selten zum eigentlichen Kern des Problems vor. Nichts anderes war von ihnen zu erwarten, da doch 40 Jahre staatlich verordneter Atheismus in der DDR dafür gesorgt hat, daß diese religiösen Kategorien den Menschen abhanden gekommen sind.

Ich denke, daß es nach den vielen anderen Sichtweisen höchste Zeit ist, eine Betrachtung und Einschätzung des Satanismus, wie er sich in Sondershausen gezeigt hat, aus christlicher Sicht vorzunehmen und verantwortliche Hilfen und Ratschläge zur Sprache zu bringen.

Als evangelischer Pfarrer in Sondershausen bin ich in besonderer Weise mit dem Geschehenen konfrontiert worden. Zum Zeitpunkt des Mordes an Sandro Beyer wußte ich von Satanismus nur das, was in einem Sektenlexikon zu finden ist. Nun habe ich ihn als Realität kennengelernt.

Ich will einfach erzählen, wie andere und ich das erlebt haben und welche Einsichten wir vom christlichen Glauben aus gewonnen haben.

1. Kapitel:

Beerdigung

I.

Die Totenglocke auf dem Turm neben der Trauerhalle des Hauptfriedhofs in Sondershausen hämmert ihre letzten Schläge. Aus den Lautsprechern erklingt das Largo von Georg Friedrich Händel. Das Trompetensolo von Maurice Andrè erfüllt den Raum. Die Trauerhalle kann die Menschen nicht fassen, die zu dieser Beerdigung gekommen sind.

Es ist der 12. Mai 1993, nachmittags 15 Uhr.

Sondershausen nimmt Abschied von dem fünfzehnjährigen Schüler Sandro Beyer, dessen Leben durch andere Jugendliche kaltblütig ausgelöscht worden ist. Am Morgen dieses Tages haben die 800 Schüler des Prof.-Irmisch-Gymnasiums zu Beginn der ersten Schulstunde in einer Schweigeminute ihres toten Mitschülers gedacht.

Der Sarg steht in einem Blumenmeer. In der ersten Reihe vor dem Sarg haben Cornelia und Peter Beyer, die Eltern von Sandro, und sein jüngerer Bruder Christian Platz genommen. Um sie herum die ganze Familie. Dahinter sitzen dichtgedrängt die Trauergäste.

Wer keinen Sitzplatz bekommen hat, steht in den Seitengängen, auf der Empore, im Treppenhaus oder im Freien vor der Halle. Über einen Lautsprecher wird die Trauerfeier nach draußen übertragen. Mit fast 300 Trauergästen kann die Halle die Besucher nicht fassen. Sehr viele Jugendliche stehen im Freien und verfolgen die Trauerfeier bewegt und betroffen. In den Händen halten sie geknickte Rosen.

Draußen stehen auch die Fernsehleute mit ihren Kameras auf dem Sprung. Die Stadtverwaltung hat Filmaufnahmen während der Trauerfeier in der Halle untersagt. Es ist alles unternommen worden, um die Trauer und die Erschütterung der Familie in ihrer schwersten Stunde vor Bloßstellung, vor Taktlosigkeiten und Peinlichkeiten sensationslüsterner Reporter abzuschirmen und zu schützen.

Es ist ein warmer Frühlingstag und das Sonnenlicht flutet durch die Bäume mit ihrem frischen Grün.

»Im Namen Gottes, des Vaters, des Sohnes und des Heiligen Geistes. Amen. Sandro Beyer ist getötet worden im Namen Satans!«

So beginne ich die wohl schwierigste Trauerfeier, die ich je gehalten habe. Schwierig wegen des hohen Maßes an Öffentlichkeit. Da sind die vielen Trauergäste, von denen die übergroße Mehrheit keine Christen sind. Und da sind die Presse und das Fernsehen. Alle werden sie auf jedes Wort achten, das ich sage.

Schwierig aber vor allem in dem, was geschehen ist und was ich als Trost und Ermutigung den Eltern und ihrer Familie sagen kann.

Es sind gerade 12 Tage vergangen, seit ich vom Verschwinden von Sandro gehört habe und von den Eltern um Beistand und Hilfe gebeten wurde. Ich kenne sie beide gut. Peter gehörte schon vor 15 Jahren zu meiner Jungen Gemeinde und war mit auf Diakonischen Rüstzeiten unterwegs. Außerdem bläst er seit vielen Jahren im Posaunenchor mit. Dann lernte er Cornelia kennen, und im Jahre 1980 habe ich sie in Sondershausen getraut.

Wir haben die Goldene Hochzeit seiner Eltern zusammen gefeiert und dann auch seine Mutter zu Grabe getragen. Immer habe ich als Pfarrer der Familie in Freud und Leid Gottes Wort zugesprochen. Nun haben sie mich in den Tagen größter Sorge und Angst um Sandro an ihre Seite gerufen.

Was folgte, war eine Woche aufregender Ungewißheit und der immer geringer werdenden Hoffnung auf ein gutes Ende des Suchens und Wartens. Vor genau einer Woche kam dann die entsetzliche Wahrheit: Sandro ist tot! Drei nur wenig ältere Mitschüler haben ihn ermordet.

Nach einer Woche beharrlichen Lügens wurden die Täter verhaftet. Sie legten Geständnisse ab und einer der Täter gab den Ort preis, wo sie Sandro verscharrt hatten. In einer Baugrube wurde der Leichnam von Sandro geborgen.

Das alles liegt erst eine Woche zurück.

Die Staatsanwaltschaft und andere, die bei der Bergung des Leichnams von Sandro dabei waren, haben den Eltern dringend abgeraten, darauf zu bestehen, den toten Sohn vor der Beisetzung noch einmal zu sehen. Sie sollten ihn so in Erinnerung behalten, wie sie ihn zuletzt lebend gesehen haben.

Eine Woche nach dem Mord waren trotz der schon eingetretenen Verwesung am ganzen Körper die Spuren erkennbar, die die Täter Sandro zugefügt haben.

»Sandro Beyer ist getötet worden im Namen Satans!« Dieser Satz, fest und deutlich gesprochen, steht im Raum.

Cornelia Beyer ist am Ende ihrer Kräfte. Vierzehn Tage lang hat sie tapfer allem standgehalten, was auf sie einstürmte.

Jetzt droht sie zu zerbrechen.

Wir machen uns alle Sorgen, wie sie die Trauerfeier überstehen wird. Die Ärztin, die sie in den letzten Tagen behandeln mußte, ist in ihrer Nähe. Ehemann Peter und die ganze Familie sind stützend an ihrer Seite.

Es ist für die junge Frau zuviel. Erst die tagelange Angst um Sandro und die Hoffnung, daß alles doch nur ein ganz übler Streich ist. Sie hofft, aus einem bösen Traum aufzuwachen. Vergebens.

Dann die unverschämten Lügen der Täter und ihrer Freunde beim Nachfragen und Suchen nach Sandro. Schließlich das Zögern der Polizei, die Besorgnis der Mutter ernst zu nehmen und eine Fahndung einzuleiten.

Selbst die Eltern der Täter empören sich gegen das Ehepaar Beyer, als es beharrlich darauf besteht, daß deren Kinder Sebastian Schauseil und Hendrik Möbus etwas mit dem Verschwinden von Sandro zu tun haben müssen. Beyers behalten recht. Aber um welchen Preis.

Das Suchen und Kämpfen der Mutter hat unwahrscheinlich viel Kraft gekostet. Jetzt hat sie Sandro wieder, aber tot.

Die ganze Stadt wirkt wie gelähmt, als der Mord an Sandro bekannt wird. Einzelheiten des Mordes der Jugendlichen an Sandro sickern nach und nach durch. Lautstarke Empörung und wortlose Fassungslosigkeit wechseln einander ab.

Bekannt ist zu diesem Zeitpunkt, daß Sandro von drei Sondershäuser Gymnasiasten mit einem Stromkabel erdrosselt wurde. Das geschah in einem einsamen Waldstück im Bungalow der Familie eines Täters.

In diesem Bungalow trafen sich die Jugendlichen seit Monaten mit ihrer Band *Absurd* zu Proben. Sie hatten gerade eine Kassette mit dem Titel »Death from the forest« (Der Tod aus dem Wald) produziert.

Schon seit längerem sind diese Jugendlichen in den beiden Gymnasien, im Haus der Jugend, bei der Stadtverwaltung, bei Schülern, Lehrern und Eltern als Satanisten bekannt. Offen bekennen sie sich zum Satanismus. Aber kaum einer kann sich darunter etwas vorstellen.

Auch als sie mehrfach mündliche und schriftliche Erklärungen abgeben, in denen sie selbst das Töten von Menschen nicht ausschließen, halten das alle für einen makabren Scherz. Nun ist es geschehen. Aus vermeintlichem Spaß ist bitterer Ernst geworden.

»Sondershausen hat seine Unschuld verloren«, schreibt der katholische Pfarrer Winfried Stitz am Tag der Beerdigung in der Tageszeitung.

Sondershausen ist eine idyllisch gelegene Kleinstadt mit 23.000 Einwohnern. Eingebettet zwischen Hainleite und Windleite ist ihre Geschichte geprägt vom Fleiß und der Bereitschaft ihrer Bürger zu harter Arbeit über und unter Tage und vom Sinn für Kultur und Kunst.

»Bergarbeiterstadt« und »Musikstadt« sind die Ehrennamen, die sie sich erworben hat. Den einen durch einen hundertjährigen Kalibergbau, der 1992 stillgelegt wurde und Tausende Arbeitslose hinterließ. Den anderen durch eine 400jährige Musikgeschichte der Stadt, die Tradition des fast 200jährigen Lohorchesters und durch Komponisten wie Franz Liszt, Max Bruch und Max Reger, die in Sondershausen gewirkt haben.

Das Leben ist beschaulich und wenig aufregend in dieser Stadt. Ihre Bürger empfinden das als angenehm. Auch ich arbeite und lebe als Pfarrer seit 20 Jahren gern in dieser Stadt. Es kennt nicht jeder jeden, aber viele kennen doch viele. Die Stadt und ihr Innenleben sind überschaubar.

Aber jetzt ist die ganze Stadt geschockt! So etwas Grausames ist in ihren Mauern noch nicht geschehen. Sie ist geschockt, weil sie die Unschuld verloren hat.

Die Antwort auf die Frage nach der Schuld steht noch aus. Aber ich ahne zu diesem Zeitpunkt schon, daß die Schuldfrage nicht allein durch das Gericht beantwortet und durch die Verurteilung der Täter geklärt werden wird.

Die Diskussionen in den Lehrerzimmern und auf den Schulhöfen, an den Straßenecken der Stadt und an den Abendbrottischen der Familien drehen sich vor allem um die Fragen: Wie ist so etwas Schlimmes nur möglich? Das sind doch fast noch Kinder. Was hatten die Täter nur für ein Motiv?

Erinnerungen kommen hoch. Gespräche und Äußerungen der Täter, bestimmte Vorgänge und Situationen werden plötzlich in einem ganz anderen Licht gesehen. Immer wieder kommt zur Sprache, daß die Täter sich als Satanisten ausgegeben, wie sie gedacht, was sie geredet und was sie in ihrer Gruppe gemacht haben. Liegt im Satanismus der Schlüssel, um das Geschehene einigermaßen zu begreifen?

Die Bild-Zeitung ist schon am 8. Mai mit der Schlagzeile »Satanskult in Thüringen« erschienen. Daß der Mord an Sandro im Rahmen einer kultischen Handlung oder eines Rituals geschehen ist, dafür gibt es keine Anhaltspunkte. Unbestritten ist aber, daß die Täter Satanisten sind.

Der Zusammenhang mit dem Satanismus wurde und wird immer wieder in Frage gestellt. Zuerst von den Tätern, aber auch von den Eltern der Täter und ihren Freunden. Später wird das Wort »Mediensatanismus« geprägt. Der Satanismus als Erfindung der Medien, eine Art »Papiertiger«, an dessen öffentlicher Verbrennung sich nun die Medien und die Kirche gleichermaßen die Hände wärmen.

Vertuschung, Verharmlosung und bewußte Falschdarstellung gehören in den folgenden Monaten zum Repertoire, um den Satanismus aus der Geschichte herauszuhalten.

Mir ist bis zum Zeitpunkt der Trauerfeier so viel über die Hintergründe und Details bekannt geworden, daß ich überzeugt bin: Sandro ist ein Opfer des Satanismus geworden, der sich in den Köpfen und Herzen der jugendlichen Täter festgesetzt hat, auch wenn der Mord nicht im Rahmen eines Rituals geschah.

Hier muß um der Wahrheit willen Stellung bezogen werden. So beginne ich überlegt und bewußt die Beerdigung mit den Worten: »Sandro Beyer ist getötet worden im Namen Satans!«

Und ich fahre fort: »Es ist jetzt wichtig zu wissen: Was wir hier tun, tun wir im Namen Gottes. Der Abschied von Sandro geschieht im Namen Gottes, des Vaters und des Sohnes und des Heiligen Geistes! Und so bitte ich alle, die an den lebendigen und dreieinigen Gott glauben, laut mit mir diesen Satz zu sprechen: Im Namen Gottes, des Vaters und des Sohnes und des Heiligen Geistes! Amen.«

Und tatsächlich sprechen viele laut und unüberhörbar diesen Satz mit mir mit.

Wie oft habe ich schon Gottesdienste, Andachten und Trauerfeiern mit diesem Satz eröffnet. Der Ordnung gemäß leicht dahingesprochen. Jetzt geht mir auf, welche bergende und schützende Aussage ich damit treffe.

Im Namen Gottes.

Im Namen Satans.

Das sind verschiedene Welten. Das ist wie Feuer und Wasser. Hier darf es keine Unklarheiten geben. Das ist wie schwarz und weiß.

II.

Black – schwarz ist die Farbe der Satanisten.
Schwarz ist die Musik. Black Metal. Death Metal.
Schwarz ist oft die Kleidung.
Schwarz sind vor allem die Gedanken.
Schwarz, menschenverachtend und lebensfeindlich ist die Ideologie des Satanismus.

Ich habe aus diesem Grunde bei der Beerdigung von Sandro Beyer Probleme mit meinem schwarzen Talar. Natürlich ist die Farbe des Talars aus seiner Geschichte vorgegeben. Er ist der Gelehrtenrock des Mittelalters und der war nun einmal schwarz. Seit Jahren schon lebe ich mit meinem schwarzen Talar in Spannung. Er bereitet mir gelegentlich ernsthafte Schwierigkeiten.

Ich finde, daß er in der Strenge und der Traurigkeit, die nun mal ein schwarzes Gewand dieser Größe ausstrahlt, im krassen Widerspruch zu der freudigen und lebensfrohen Botschaft steht, die ich den Menschen weitersagen möchte. Es gab dann schon einige Veranstaltungen, wo ich ihn einfach nicht angezogen habe.

Finnische Freunde und darunter ein finnischer Pfarrer konnten meine Not gut verstehen und haben mir 1986 einen weißen Talar geschenkt. In Finnland tragen die Pfarrer nur den weißen Talar.

Und so begann ich, den weißen Talar zu tragen, erst bei der Gospelmesse mit Band und Jugendchor, mit schwungvollen, neuen Liedern, aber dann auch bei Taufen, Trauungen und bei Abendmahlsgottesdiensten. Das war zunächst »illegal«, aber seit Pfingsten 1990 ist in Thüringen auch der weiße Talar zugelassen. Bei Beerdigungen habe ich jedoch immer den schwarzen Talar getragen.

Bei der Beerdigung von Sandro weiche ich von dieser Regel ab. Ich will bei dieser Beerdigung nicht nur mit dem gesprochenen Wort, sondern auch mit der liturgischen Kleidung, der Auswahl der Lieder und der Gestaltung der Umrahmung deutlich machen, daß es bei der Auseinandersetzung mit dem Satanismus um Grundsätzliches geht.

Die Trauergäste sollen die Dimension der geistigen Auseinandersetzung zwischen christlichem Glauben und Satanismus, von der viele unter ihnen keine Vorstellung haben, wenigstens erahnen.

Ich will keine billige Polemik betreiben, weil dafür eine Beerdigung gewiß nicht der rechte Ort ist. Aber ich bin der Meinung, daß das Geschehene eine Stellungnahme erfordert. Es hat einen Menschen das Leben gekostet.

Ein junger Mensch hat sein Leben nicht durch einen tragischen Unglücksfall oder durch eine heimtückische Krankheit verloren, sondern durch die Verirrung der jugendlichen Täter in eine gefährliche und lebensfeindliche Geistes- und Lebenshaltung, die den christlichen Glauben verhöhnt und in sein Gegenteil verkehrt. Wir stehen am Sarg des Opfers dieser Verirrung.

Das will ich durch klare Worte, aber auch durch zeichenhaftes Handeln zum Ausdruck bringen. Ich ziehe bei dieser Beerdigung demonstrativ den weißen Talar an. Es soll ein sichtbares Zeichen einer klaren Abgrenzung gegen alles satanische Denken und Leben sein.

III.

Und noch ein anderes Zeichen ist mir wichtig.

In Badra bei Sondershausen, der dörflichen Filiale, die ich als Pfarrer mitverwalte, ist es immer noch fester und schöner Brauch, daß bei Beerdigungen ein Konfirmand als Kreuzträger ein Kruzifix vor dem Sarg herträgt.

In meiner Heimatstadt Meuselwitz habe ich bei Beerdigungen zwei Jahre lang bis zu meiner Konfirmation selbst das Kreuz getragen. Über dem Sarg und vor den Augen der Trauernden soll das Kreuz als Zeichen des Sieges über den Tod auf den Trost und die Hoffnung christlichen Glaubens hinweisen:

»Seid nicht traurig wie die andern, die keine Hoffnung haben! Denn wenn wir glauben, daß Jesus gestorben und auferstanden ist, so wird Gott auch, die da entschlafen sind, durch Jesus mit ihm einherführen« (1. Thessalonicher 4,13b-14).

Auf dem Hauptfriedhof in Sondershausen ist das Kreuztragen bei einem vollen täglichen Beerdigungsprogramm nicht mehr möglich. Bei Sandros Beerdigung will ich aber einen Kreuzträger haben, der das Badraer Vortragekreuz aus dem 17. Jahrhundert tragen soll.

Über die Klassenlehrerin der Klasse, in die Sandro gegangen ist, gelingt es mir, zwei Klassenkameraden von Sandro als Kreuzträger zu gewinnen. Einfach ist es nicht. Es gibt Bedenken bei den Eltern. Aber dann sind sie schließlich doch dazu bereit. Da mit einer etwas längeren Trauerfeier als sonst üblich und mit einer möglichen Schwäche eines Kreuzträgers gerechnet werden muß, sollen sie sich beim Tragen abwechseln.

So stehen bei der Trauerfeier in der Halle neben dem Sarg von Sandro zwei Mitschüler mit einem weithin sichtbaren Kruzifix. Sie tragen es dann von der Halle vor dem Sarg her bis zum Grab. Der Trauergemeinde erkläre ich zu Beginn der Trauerfeier:

»Neben dem Sarg sehen wir das Kreuz Jesu Christi. Hoch aufgerichtet. Sandro hatte sich verstrickt in die furchtbare Gedankenwelt des Satanismus. Ein Symbol, ein äußeres Zeichen dieser Sekte, ist das umgedrehte, das auf den Kopf gestellte Kreuz Jesu Christi.

Wir stellen das richtig!

Über seinem Grab soll das Zeichen des Lebens stehen, das Zeichen des Sieges des Lichtes über die Finsternis, das Zeichen des Sieges des lebendigen Gottes über den Satan. Das aufgerichtete Kreuz.«

Das umgedrehte Kreuz gehört neben dem Pentagramm und der Zahl 666 zu den eindeutigen und bekanntesten satanistischen Symbolen, die entweder an Kettchen um den Hals oder als Ohrschmuck getragen werden. Bei Schmierereien an Kirchen- und Häuserwänden taucht das Symbol immer wieder auf.

Auch die Satanisten von Sondershausen tragen es als Zeichen am Körper oder an der Kleidung und dekorieren Schriftstücke damit. Das auf den Kopf gestellte Kreuz als Symbol des Satanismus drückt unmißverständlich aus, worum es geht. Im Satanismus wird alles auf den Kopf gestellt.

Die christliche Wertskala, zu der die Nächstenliebe, die Achtung aller Lebewesen als Geschöpfe Gottes und die Achtung der Würde und des Lebens jedes Menschen gehören, wie der Verzicht auf Gewalt in jeder Form, wird umgedreht und in ihr Gegenteil verkehrt. Das Leben im Geist Satans ist das Gegenteil vom Leben im Geist Jesu.

Der Begründer des Neosatanismus, Aleister Crowley (1875-1947), hat folgende Sätze als Grundregeln satanistischen Denkens und Handelns formuliert:

»Tue, was du willst, soll sein das ganze Gesetz. Es gibt keinen Gott außer dem Menschen« (Liber Al vel Legis – eine der Hauptschriften des Satanismus).

Dem entgegen steht das Wort Jesu: »Du sollst den Herrn, deinen Gott, lieben von ganzem Herzen, von ganzer Seele, von ganzem Gemüt und von allen deinen Kräften. Das andere ist dies: Du sollst deinen Nächsten lieben wie dich selbst. Es ist kein anderes Gebot größer als diese« (Markus 12,30-31). Dieses Doppelgebot ist im Satanismus in sein Gegenteil verkehrt. Der Mensch ist Gott und des Menschen Wille ist das Maß aller Dinge, lautet sein Credo.

15 Monate vorher hat einer der Sondershäuser Satanisten und Mörder von Sandro, Sebastian Schauseil, in einer Diskussion im CVJM Sondershausen seinen Glauben beschrieben. Ein Teilnehmer berichtet darüber: »Die Philosophie, die sie vertreten, geht letztlich nicht davon aus, daß sie eventuell gut wären, sondern sie sagen von sich: ›Wir sind schlecht und böse.‹ Auf die Frage, wie sie zu den 10 Geboten stehen, sagte er: Für ihre Gruppe heißt es nicht ›Du sollst nicht töten‹, sondern ›Töte!‹ In der Praxis bedeutet dies, daß sie zu Menschenopfern bereit wären. ›Weil aber Sondershausen zu klein ist‹, sei dies hier nicht mög-

lich.« (Auszug aus dem Bericht des CVJM Sondershausen vom 1. 2. 1992)

15 Monate später ist es möglich. Jetzt liegt Sandro tot vor uns im Sarg.

Ermordet von Leuten, die das umgedrehte, auf den Kopf gestellte Kreuz nicht nur zu ihrem Symbol gemacht, sondern auch praktiziert haben.

Über dem Sarg aber steht jetzt aufrecht das Kreuz Jesu Christi. Das Zeichen des Lebens, das stärker ist als der Tod. Das Zeichen des Sieges der Liebe über den Haß. Das Zeichen der Hoffnung für die Menschen in der Stadt Sondershausen.

IV.

Am Tag vor der Beerdigung bin ich mit Cornelia und Peter Beyer zu einem Gesprächstermin bei der Staatsanwaltschaft in Nordhausen angemeldet. Beyers haben noch einmal dringend um ein Gespräch nachgesucht. Sie wollen wissen, welche Erkenntnisse die Staatsanwaltschaft inzwischen über die Ermordung ihres Sohnes gewonnen hat.

Seit der Bergung des Leichnams sind inzwischen fünf Tage vergangen. Es ist der verständliche Wunsch der Mutter, auch die Umstände des Todes ihres Sohnes zu erfahren, in ihre Trauer und ihr Leid das Maß der Leiden von Sandro vor seinem Tod mit hineinzunehmen.

Die Rücksicht auf die Grenzen der seelischen Kräfte von Frau Beyer am Tag vor der Beerdigung gebietet uns, das Ausmaß des Geschehenen, die Umstände und die Einzelheiten der Ermordung von Sandro nicht zu beschreiben. Mit dem Staatsanwalt bin ich übereingekommen, daß er auf diesbezügliche Fragen nur ganz allgemeine Antworten gibt.

Das Verschweigen solcher Details ist zu diesem Zeitpunkt wirklich ein Gebot der Nächstenliebe. Einige Monate später beim Prozeß gegen die Mörder muß Cornelia Beyer der Wahrheit der grauenvollen Umstände des Todes ihres Sohnes standhalten. Sie hat das in achtunggebietender Weise getan, weil sie meint, das Wissen um die ganze Wahrheit ihrem Sohne, der für immer schweigt, schuldig zu sein.

Im Lauf des Gespräches frage ich den Staatsanwalt, ob es inzwischen Hinweise auf einen satanistischen Hintergrund der Täter und ihrer Tat gibt. Er bejaht das und verweist auf eine Schülerzeitung des Prof.-Irmisch-Gymnasiums, auf die man bei den Ermittlungen gestoßen ist. Er beschreibt uns ein Interview, das einer der Täter, Hendrik Möbus, über den Satanismus gegeben hat, und das in vollem Umfang vorliegt. Ich kenne das Interview. Es ist im November 1992 in der Schülerzeitung *Kurz und gut* erschienen. Damals unterrichtete ich als Religionslehrer an diesem Gymnasium.

»Auf der letzten Seite der Schülerzeitung sind dann noch Symbole gezeichnet, die wahrscheinlich ebenfalls satanistische Bedeutung haben. Da sind ein Stern und ein Hammer zu sehen«, beschreibt der Staatsanwalt die Symbole und zeigt mir die Seite der Schülerzeitung.

Die Vermutung ist richtig. Aber was der Staatsanwalt als Stern ansieht und für einen Hammer hält, sind ein Pentagramm oder Drudenfuß (ein fünfzackiger Stern) und ein auf den Kopf gestelltes Kreuz – die klassischen Symbole des Satanismus.

Als ich das dem Staatsanwalt erkläre, schließt die ebenfalls anwesende Jugendstaatsanwältin unser Gespräch: »Ich habe den Eindruck, daß wir uns bei diesem Fall erst einmal über den Satanismus informieren müssen.«

Wo soll das Wissen auch herkommen?

In der ehemaligen DDR hat man sich als nicht kirchlich gebundener Bürger normalerweise nicht mit religiösen Themen und Erscheinungsformen beschäftigt. Darum ist die Unwissenheit in diesen Dingen groß und auch die Unsicherheit, mit ihnen umzugehen. Erst recht bei einer so unbekannten Erscheinungsform wie dem Satanismus. Information und Aufklärung muß jetzt beginnen. Das hat die Jugendstaatsanwältin richtig gesehen. Eine Aufgabe, der wir uns nun alle zu stellen haben.

Auch ich habe sehr schnell festgestellt, daß meine Kenntnisse allgemeiner Art nicht ausreichen, um mich sachgerecht zum Satanismus zu äußern. Nach 33 Dienstjahren als Pfarrer in verschiedenen Gemeinden bin ich zum ersten Mal mit dem realen Satanismus konfrontiert worden.

Die folgenden Wochen und Monate waren eine Schule, in der wir alle hier schnell gelernt haben, was Satanismus bedeutet. Und ich lerne heute immer noch dazu.

V.

Die Bild-Zeitung berichtet am Tag nach der Beerdigung unter der Schlagzeile »Sandro beerdigt: Pfarrer spielte Michael Jackson« über die Trauerfeier in Sondershausen. Der folgende Bericht ist an Äußerlichkeiten interessiert und unscharf, wie seine Schlagzeile.

Der Pfarrer spielte Michael Jackson.

Da werden die Leser stutzig und neugierig.

Hat der Pfarrer sich etwa ein Michael-Jackson-Outfit besorgt und eine Michael-Jackson-Locke ins Gesicht legen lassen und dann zum Playback als der große Michael Jackson gesungen? Heute muß man ja selbst in der Kirche mit allem rechnen.

Bei der gemeinsamen Vorbereitung der Trauerfeier machen Cornelia und Peter Beyer den Vorschlag, das Lied »Heal the world« von Michael Jackson einzuspielen. Nachdem ich mir den Text des Liedes angesehen habe, bin ich einverstanden. Technisch ist das kein Problem, da die Musik zu den Trauerfeiern in der Halle ohnehin von einem Studio über Tonträger eingespielt wird.

»Wir hören jetzt ›Heal the world‹ von Michael Jackson«, kündige ich dann bei der Trauerfeier das Lied nach dem Eingangsgebet an. »Es ist der Wunsch der Eltern, dieses Lied bei dieser Trauerfeier zu hören. Sie verbinden damit die Hoffnung, daß Sie alle, vor allem die Jugendlichen unter uns, wenn das Lied im Radio zu hören ist, an diese Trauerfeier zurückdenken, sich an Sandro erinnern, sich der entsetzlichen Umstände bewußt werden, die zu diesem Tod führten und daraus lernen, was dieses Lied besingt.

Wir haben Ihnen darum die Übersetzung des Liedes in die Hand gegeben. Der Refrain lautet:

Heil die Welt.
Mach sie zu einem besseren Ort
für dich und für mich
und für die ganze Menschheit.
Es sterben Menschen.
Wenn du dich mehr kümmerst um das Leben,
mach sie zu einem besseren Ort
für dich und für mich.«

Es ist ein schönes Lied. Die Musik geht vielen in der Trauerhalle und draußen in dieser von Gefühlen aufgewühlten Situation unter die Haut. Auf dem Textblatt kann jeder den Liedtext mitverfolgen.

»Warum ersticken wir dann weiter Leben?
Verwunden die Erde? Töten ihre Seele?
Obwohl es leicht ist zu sehen, daß diese Welt himmlisch ist,
in den Farben Gottes gemalt.
Wir könnten so hoch fliegen.
Laß unsere Träume nie sterben.
In meinem Herzen fühle ich,
daß ihr alle meine Brüder seid.
Schaffe eine Welt ohne Angst.
Zusammen weinen wir glückliche Tränen.
Schaut, wie Nationen Schwerter zu Pflugscharen verwandeln.
Wir könnten wirklich soweit kommen,
wenn du dich genügend sorgst um das Leben.
Schaff einen kleinen Raum
und mach ihn zu einem besseren Ort.«

Eine gute Botschaft am Sarg von Sandro. Warum lassen wir zu, daß diese himmlische Welt zum Teufel geht und Menschen sinnlos sterben müssen?

Da ist sie wieder – die Schuldfrage. Was haben wir falsch gemacht, und wo sind wir mitschuldig geworden am Tod von Sandro?

Nicht schon bei der Beerdigung, aber in den Wochen und Monaten danach wird eine Antwort auf diese Frage gefunden werden müssen.

Sich um das Leben kümmern. Da geht es um die ganz wichtigen Dinge des Lebens in unserer allernächsten Umgebung, vor allem bei unseren Kindern.

Sich um das Leben sorgen. Damit ist nicht nur die materielle Versorgung gemeint, sondern daß auch Träume und Bilder die Köpfe und Herzen erfüllen, die dem Leben Sinn und Richtung geben.

Die Tragödie um Sandro Beyer hat uns dann Stück für Stück offenbart, daß die Ursachen für die geistige Verirrung der jugendlichen Täter in Defiziten bei der Sorge um das Leben zu suchen sind. Nicht bei der materiellen Sorge. Da waren die Sondershäuser bestens ausgestattet. Sie kommen aus wohlhabenden und finanziell abgesicherten Familien. Aber ihre Träume und Bilder kamen aus einer anderen Welt.

»Schaff einen kleinen Raum und mach ihn zu einem besseren Ort.« So kann man die Aufgabe beschreiben, die es als Lehre aus dem Tod von Sandro nun in Sondershausen in Angriff zu nehmen gilt.

In meiner Predigt am Sarg von Sandro habe ich darum auch am Schluß aufgerufen, daß es jetzt »zu einer Koalition der Verantwortung zwischen Eltern und Lehrern, zwischen Kommune und Kirche kommen muß«, damit unsere Jugend künftig vor solchen Verführungen bewahrt wird.

Ich habe über den Trauspruch gepredigt, den ich Cornelia und Peter bei ihrer Trauung mit auf den gemeinsamen Lebensweg gegeben habe: »Der Herr ist mit euch, weil ihr mit ihm seid; und wenn ihr ihn sucht, wird er sich von euch finden lassen« (2. Chronik 15,2b).

Dann brechen wir zum Grab auf. Als wir aus der halbdunklen Trauerhalle ins Freie treten, blendet uns das warme Licht der Nachmittagssonne. Die Totenglocke beginnt wieder zu läuten. Das hochaufgerichtete Kreuz voran, dann der Sarg mit Sandro und unmittelbar dahinter die Eltern mit ihrem verbliebenen Sohn Christian, so setzt sich der Trauerzug in Bewegung.

Die Fernsehkameras beginnen zu laufen. Auf diesen Augenblick haben die Reporter gewartet. Sie stürzen sich auf uns. Fotoapparate klicken ununterbrochen. Rechts und links von Journalisten begleitet bewegt sich der lange Zug den leicht ansteigenden Weg hinauf zur Grabstätte. Wir hören aus der Ferne den Posaunenchor. Er bläst Choräle, bis wir am Grab angekommen sind.

Auf dem Weg zum Grab sehe ich den Grabstein mit dem Engel. Ein aus Stein gehauener Engel in Mannesgröße ziert diesen Grabstein. Er ist einer der Treffpunkte der Satanisten gewesen. Auch Sandro ist nachts dort bei einem solchen Treffen gewesen. Jetzt muß ich daran denken, daß das, was dort scheinbar harmlos begann, ein so furchtbares Ende gefunden hat. Das Grab von Sandro ist nur wenige Meter von dem Grabstein mit dem Engel entfernt.

Wir sind am Grab angekommen. Es liegt an einem schattigen Platz, der von Birken und Linden umstanden ist. Während die vielen Menschen nach und nach herantreten, lese ich auf dem Grabstein neben Sandros Grab, daß dort ein 13jähriger Junge begraben liegt. Was mag bei ihm der Grund für den so frühen Tod gewesen sein? frage ich mich. Und irgendwie finde ich es in diesem Moment schön für Sandro, daß er neben einem fast gleichaltrigen Jungen begraben wird. Ein dummer Gedanke. Ist es nicht gleichgültig, wo wir begraben sind und wer neben uns liegt? Schließlich sind wir dann doch tot.

Mein Gefühl weigert sich. Ich kann in diesem Augenblick nicht so sachlich und nüchtern denken.

Als ich wieder aufblicke und jetzt erst die ganze Menge

der Trauergäste richtig überschauen kann, fällt mir auf, wie viele Jugendliche darunter sind.

Still verharren die vielen Menschen. Nur die Vögel zwitschern in den Bäumen. Ich sehe einen Schmetterling.

Das frische, helle Grün der noch jungen Blätter treibt kraftvoll aus den Bäumen über uns. Es ist Mai und die Natur um uns herum freut sich am aufblühenden Leben. Der Posaunenchor intoniert den Choralsatz »Ach, Herr, laß dein lieb Engelein« aus der Matthäuspassion von Johann Sebastian Bach.

Langsam senkt sich der Sarg ins Grab.

»Nachdem durch Menschenhände das Leben von Sandro Beyer im Alter von 15 Jahren ausgelöscht worden ist, legen wir seinen Leib in Gottes Acker, daß er wieder zur Erde werde, davon er genommen ist:

Erde zu Erde, Asche zu Asche, Staub zum Staube.«

Es ist Mai und die Natur um uns herum freut sich am aufblühenden Leben. Wir können uns mit ihr freuen, still und getröstet durch das Wort des Neuen Testaments, das gerade am Sarg von Sandro verlesen wurde:

»Es wird gesät verweslich
und wird auferstehen unverweslich.
Es wird gesät in Unehre
und wird auferstehen in Herrlichkeit.
Es wird gesät in Schwachheit
und wird auferstehen in Kraft.
Es wird gesät ein natürlicher Leib
und wird auferstehen ein geistlicher Leib.«
(1. Korinther 15,42-44)

Wir haben den geschändeten Leichnam von Sandro als Saatgut in die Erde gelegt. Saatgut, das aufkeimen und aufblühen wird zu einem neuen Leben. Dieser Glaube, der im Tod und am Grab das aufblühende Leben in Gottes Herrlichkeit sieht, wird auch uns mit Freude erfüllen.

Nicht jetzt, nicht heute. Schmerz und Trauer sind zu groß. Aber eines Tages. Ganz bestimmt.

Wie aber wird es weitergehen?

Am Morgen des Tages der Beerdigung sind die Gedanken des katholischen Pfarrers Winfried Stitz aus Sondershausen zum Tod von Sandro in der Tageszeitung zu lesen. Der Artikel trägt die Überschrift: »Soweit konnte es nur kommen, weil zu viele weggeschaut haben«.

Sehen das die Sondershäuser auch so?

Dann müßte jetzt eigentlich eine ehrliche Suche nach Schuld beginnen und nach Möglichkeiten, wie solch ein Geschehen in Zukunft verhindert werden kann. Wenn das gelingt, dann hat der sinnlose Tod von Sandro Beyer am Ende doch noch einen Sinn gehabt.

Mit Gebet, Vaterunser und Segen geht die Beerdigung zu Ende. Die Bitte des Vaterunsers »Vergib uns unsere Schuld!« weist unseren Gedanken die Richtung und begleitet uns auf unserem Weg vom Grab in die Stadt.

Noch tagelang gehen Sondershäuser Bürger auf den Friedhof, fragen bei der Friedhofsverwaltung nach dem Grab oder suchen es selbst und legen dort Kränze und Blumensträuße nieder.

Eine ganze Stadt trauert.

Nicht nur um den Jungen, sondern auch über sich selbst, weil so etwas überhaupt in ihren Mauern geschehen konnte.

2. Kapitel:

Mord

I.

Acht Wochen sind seit der grausigen Tat vergangen.

Es ist wieder ruhig geworden in Sondershausen. Die Presseleute und die Fernsehteams haben sich längst anderen aktuellen Themen zugewendet. Die mutmaßlichen Täter sitzen im Untersuchungsgefängnis. Die Staatsanwaltschaft bereitet die Anklage vor. In einigen Monaten wird es zum Prozeß kommen.

In Sondershausen hat sich die Stimmung verändert. Das Leben geht weiter und die Menschen haben ihre eigenen Sorgen. Ganz im Vordergrund steht die hohe Arbeitslosigkeit, die in vielen Familien Probleme schafft.

Das ehrliche Mitgefühl, das viele Sondershäuser mit der Familie Beyer hatten und noch haben, weicht nach und nach den eigenen Tagessorgen. Der Fall ist ja auch erst einmal geklärt, andere Gesprächsthemen treten in den Vordergrund.

Mancher ist des Themas auch überdrüssig. Zu schrill und zu heftig ist die Sache in der Presse und den Medien »gargekocht« worden. Oft so überzogen und unwahr, daß Informierte leicht die Unlauterkeit mancher Berichterstattung erkennen konnten.

Auf der anderen Seite haben Journalisten, die nicht auf die schnelle Sensation einer Tagesmeldung aus waren, dazu beigetragen, dem Mord an Sandro Beyer die Bedeutung zukommen zu lassen, die er über die Grenzen unserer Stadt hinaus verdient.

Andere sind zu diesem Zeitpunkt schon daran interessiert, das Geschehene zu hinterfragen. Ihnen geht es vor allem darum, die Rolle des Satanismus dabei in Frage zu stellen oder schlichtweg zu leugnen. Vor allem von den Eltern der mutmaßlichen Täter und ihren Freundinnen und Freunden wird so diskutiert und nicht selten agitiert.

Ich beginne zu befürchten, daß die Fakten, die jetzt auf dem Tisch liegen, sich verflüchtigen, wenn sie nicht schriftlich festgehalten werden. Die Diskussion wird sich dann in einigen Monaten völlig verändern. Dann ist das Opfer der Täter und die Täter sind die Opfer. Die Vergeßlichkeit der Menschen wird das Ihre dazu beitragen.

So setze ich mich hin und halte schriftlich fest, was mir an Informationen zugänglich ist. Dabei bin ich nicht auf die Presse angewiesen, sondern halte mich an das Material, das mir als seelsorgerlicher Begleiter und Freund der Familie Beyer in vielen Gesprächen bekannt wird.

Von Juli bis September 1993 habe ich das Gesammelte unter der Überschrift »Der Satanismus in Sondershausen« für meine Gemeinde in unserem Kirchgemeinde-Informationsblatt *sankt matthias aktuell* in vier Folgen veröffentlicht.

Was also ist geschehen?

Am Abend des 29. April 1993, einem Donnerstag, wird Sandro durch den Brief eines Mädchens seiner Schule an das Rondell auf dem Göldner bestellt. Der Brief ist ihm am Vormittag in seine Schultasche gesteckt worden.

Das Rondell ist ein beliebter Aussichtspunkt hoch über der Stadt Sondershausen. Ein Denkmal erinnert an die Gefallenen des Sondershäuser Verbandes Deutscher Sänger in den beiden Weltkriegen.

Von dort oben hat man einen wunderschönen Blick ins Wippertal und über die Stadt hinweg zum Frauenberg, zur Hainleite und über die Windleite bis zum Harz und zum Kyffhäuser. An Tagen mit klarer Sicht kann man von hier aus den Brocken sehen.

Es ist ein milder Frühlingsabend, an dem sich Sandro auf den Weg zum Rondell macht. Er ist nur mit einer kurzen Hose und einem T-Shirt bekleidet. Die Briefschreiberin, ein dreizehnjähriges Mädchen, kennt Sandro nicht. Sie bittet Sandro zu diesem Rendezvous, weil sie, wie sie in ihrem Brief schreibt, von den Satanisten enttäuscht sei. Da sie wisse, daß auch Sandro seine Probleme mit den Satanisten habe, möchte sie sich mit ihm gegen die Satanisten verbünden.

Seiner etwas besorgten Mutter versichert er, daß er bald zurück sein werde. Als er um 19.10 Uhr das Haus verläßt, sieht ihn seine Mutter zum letzten Mal. Sein Vater erkennt ihn eine halbe Stunde später in der Possenallee von einer Wohnung aus, in der er Elektrikerarbeiten ausführt. Sandro ist auf dem Weg zum Göldner. Der Vater ahnt nicht, daß auch er seinen Sohn nicht mehr wiedersehen wird.

Am Rondell erwartet ihn kein Mädchen. Der Brief ist eine Falle. Statt dessen empfangen ihn die Satanisten. Sandro läßt sich überreden, mit ihnen in den etwa einen Kilometer entfernt gelegenen Bungalow zu gehen, der den Eltern des einen Satanisten gehört. Eine Stunde später wird er in diesem Bungalow, einsam und abgelegen in einem kleinen Tal am Totenberg gelegen, grausam ermordet.

Die Umstände der Mordtat werden die Täter später in Geständnissen beschreiben. Sandro ist mit einem Elektrokabel erdrosselt worden.

II.

Der Bungalow, eher ein Wochenendhaus, eine Datsche, dient den Satanisten schon länger als Treffpunkt. Gelegentlich haben sie in der Hütte eine Schwarze Messe gefeiert oder im nahen Steinbruch oben auf dem Berg. Vor allem aber ist hier der Probenraum ihrer Band *Absurd,* in der sie sich zusammengefunden haben, um Black Metal zu musizieren. Eigene Musikproduktionen haben sie dann auf Musikkassetten aufgenommen und unter den Schülern verkauft.

Die letzte MC trägt den Titel »Death from the forest« (Der Tod aus dem Wald). Ein Lied auf dieser Kassette heißt »Werwolf« und stammt von Sebastian Schauseil, einem der drei Täter. Während Hendrik Möbus am Schlagzeug einen angsterregenden Rhythmus trommelt, grunzt, röhrt und schreit Sebastian Schauseil einen Text ins Mikrofon, der nur nach mehrmaligem Hinhören verständlich wird:

Wenn der Vollmond scheint in finstrer Nacht,
hör ich die Wälder klingen.
Wenn der Tod über den Gräbern lacht,
hör ich die Nachtgeschöpfe singen.
Niemand weiß, wer ich wirklich bin.
Niemand hält das Böse auf.
Niemand weiß, daß ich ein Werwolf bin,
und das Grauen nimmt seinen Lauf.
Blut und Tote überall im Land,
keine weiße Macht kann mich bezwingen.
Eine schwarzgraue Pfote formt sich aus meiner Hand,
ihr könnt meinem Blutdurst nicht entrinnen.
Ich stille meine Gier mit Menschenfleisch,
mit Zyklon B, mit Gift und Blut.
Willst du mich, so komm in mein Reich,
deine Eingeweide schmecken sicher gut.
Uuuuaaaah!

Im Wald hört niemand der Opfer Schrei!
Wieder ist die graus'ge Tat vollbracht! Ha!
Der Toten letzte Worte waren: »Gott, steh mir bei!«
Und der Vollmond scheint in finstrer Nacht.
Uuuuaaaah!

Vier Monate nach der Aufnahme wird »Death from the forest« makabre Wirklichkeit. Was im Lied besungen wird, erlebt Sandro in jener Nacht genau dort, wo das Lied entstand. Er wird das Opfer im Wald am Fuß des Berges, der seit langem »Totenberg« heißt.

Das Horrorbild, das die satanischen Phantasien in den Köpfen der Jugendlichen entwickelt haben, und das, was am 29. April 1993 im Bungalow im Wald geschieht, vermischen sich.

Was hundertmal gelesen, in Videos gesehen, in Liedern gehört und besungen wurde, macht die Jugendlichen jetzt zu Akteuren in einem Geschehen, das kein Film mehr ist sondern grauenvolle Wirklichkeit.

In seinem Geständnis gibt Sebastian Schauseil sechs Tage nach dem Mord zu Protokoll: »Sandro hat diese Todesangst erstmal gezeigt, indem er wirklich unartikulierte Kreischlaute von sich gegeben hat, nur noch schrille Laute, die nicht mit normalen Stimmübungen zu erreichen wären, ohne irgendwelche Worte daraus zu formen. Wenn er mal dazu gekommen ist, vernünftig zu sprechen, so daß es verständlich war, hat er eben gesagt: Ich möchte nicht sterben. O Gott, o mein Gott, ich möchte nicht sterben! Laßt mich leben!

Zu sehen war diese Todesangst an seinem Gesichtsausdruck. Sein Gesicht war irgendwie von panischer Angst verzerrt und was vor allem wichtig war, das waren seine Augen. Die Pupillen waren völlig verengt, also ganz winzig klein, also total wie Jalousien runtergeklappt. Er hat also nur noch die Angst an sich wahrgenommen. So hat sich das zumindest für mich ausgedrückt.

Was ich empfunden habe, waren sehr gemischte Gefühle. Auf der einen Seite war ich total entsetzt davon, wie schnell das geht, daß ein Mensch wirklich Todesangst kriegt, dann war ich weiterhin entsetzt davon, daß diese Todesangst von mir kommt, und auf der anderen Seite hab ich mir aber mehr oder weniger Gewißheit verschafft, daß ich nun doch nicht so lächerlich bin, wie Sandro das vielleicht gern gehabt hätte.

Ein gewisses Macht- und Triumphgefühl ist in so einer Situation schon vorhanden.«

In so einer Situation. Gefühle eines Mörders.

Der hier cool die Reaktionen an seinem Opfer beobachtet und beschreibt, ist ein siebzehnjähriger Gymnasiast, der an einem Ende des Elektrokabels gezogen hat, als Sandro in Todesangst um sein Leben bettelte. Übrigens hat er mit solcher Gewalt an dem Kabel gezogen, daß der Kehlkopf mehrere Brüche aufwies. Diese Tatsache, bei der Obduktion festgestellt, widerlegt die Argumentation der Verteidigung bei der Gerichtsverhandlung, die Täter hätten Sandro nur einen Schreck einjagen wollen und die Erdrosselung wäre mehr aus Versehen passiert.

III.

Zu zweit ziehen sie an den Enden des Elektrokabels, das um den Hals von Sandro geschlungen ist, während der Dritte auf Sandro kniet und mit dem Ohr auf dessen Brust horcht, bis der Herzschlag aufhört.

Eigentlich wollten sie Sandro das Genick brechen. Hendrik Möbus hat eine besondere Technik dazu im Film »1492« bei einer Hinrichtung von Hexen gesehen. Sie versuchen es auch bei Sandro. Doch der Versuch mißlingt. Sie unterschätzen Sandros Kraft und Widerstand. Es kommt zum Kampf und Handgemenge im Bungalow.

Schließlich überreden sie Sandro unter falschen Versprechungen, sich fesseln zu lassen. Jetzt wird es ernst. Erst bettelt Sandro um Gnade, dann bietet er seine ersparten 500,- DM.

Er hat keine Chance.

Sebastian Schauseil gibt in seinem Geständnis zu Protokoll: »Daraufhin fing er dann an, zu betteln, daß er doch am Leben bleiben möchte, weil er wohl irgendwie mitbekommen hatte, daß es nicht nur darauf hinauslief, ihm irgendwie eine Tracht Prügel zu verabreichen.«

Nein. Sie hatten sich vorgenommen, ihn zu töten.

Der erste Satz, den Sebastian Schauseil überhaupt zu Protokoll gibt, ist das Geständnis: »Ja, wir haben ihn am Donnerstagabend vorsätzlich ermordet.« Und später heißt es im Geständnisprotokoll: »Wir haben irgendwann überlegt, der Typ muß einfach weg, und es gibt einfach keine logische Erklärbarkeit oder nachvollziehbaren Motive dafür.«

Im Prozeß tritt am letzten Tag eine Zeugin auf, die zunächst von Sebastian Schauseils Eltern zur Aussageverweigerung angestiftet wurde, am Tag der Urteilsverkündung aber doch zur Aussage bereit ist, weil sie ihr Verhalten seelisch nicht mehr verkraften kann.

Unter Eid sagt sie aus, daß die Täter ihr eine Woche vor der Tat die Ermordung von Sandro angekündigt und sie aufgefordert haben, den Mord zu filmen. Das Mädchen hat diese Bemerkung damals nicht ernst genommen.

Auch das Gericht hat diese Aussage nicht ernst genommen, denn in der Urteilsbegründung heißt es: »Gleichwohl ist die Tat von einem schwersten Fall entfernt, da insbesondere keine Vorplanung geschehen war und die Angeklagten sich erst nach Eskalation der Geschehnisse zur Tötung entschlossen.«

Dem widersprechen die Geschehnisse und die Geständnisse. Die Täter haben sich Sandro lange vorgemerkt. Schon im Interview in der Schülerzeitung *Kurz und gut* im November 1992 hat Hendrik Möbus eine unverhohlene Drohung gegen Sandro gerichtet. Dann haben sie seine Tötung eine Woche vorher ins Auge gefaßt, sich eine besondere Tötungstechnik ausgedacht, ihn mit einem fingierten Brief in eine Falle gelockt, bis auch Sandro merkte, »daß es nicht nur darauf hinauslief, ihm irgendwie eine Tracht Prügel zu verabreichen«.

Dies alles ist dem Gericht bekannt, kommt in der Verhandlung zur Sprache. Trotzdem werden die Angeklagten am Ende des Prozesses vor dem Landgericht in Mühlhausen statt zur Höchststrafe von zehn Jahren nur zu acht bzw. sechs Jahren Jugendstrafe verurteilt. Nach allem, was im Zuge des Verfahrens zur Sprache kam, ist mir die Einschätzung der Vorgänge um den Mord durch das Gericht unverständlich. Ich halte sie ebenso wie das Strafmaß für falsch. In diesem Punkt ein Fehlurteil, so meine ich.

Vielleicht ist der Mord an Sandro sogar doch gefilmt worden. Von jemand anderem. Die Idee, eine Videokamera einzusetzen, ist bei den Satanisten nicht neu. Zehn Monate vorher, im Sommer 1992, haben die Täter und ihre Freunde mit einigem Aufwand einen Videofilm produziert. Dazu haben sie sich allerlei bluttriefende Tötungsszenen ausgedacht und selbst gespielt.

Auszüge dieses Horrorwerkes mit 10-15 Mordszenen, bei denen alle Satanisten und zum Teil ihre Freunde und Geschwister mitspielen, hat das Gericht sich angesehen.

Jetzt, als sie den Mord an Sandro planen, ist die Gelegenheit zu einem Reality-Film gegeben. Ob sie sie genutzt haben?

In der Satanismusszene stehen – so heißt es – Videos, die die Tötung oder Opferung von Menschen live zeigen, hoch im Kurs. Die Möglichkeit zu einer Videoaufzeichnung hat in diesem Bungalow bestanden. Ob sie genutzt wurde, ist aber nur Spekulation.

Die Aussage des Mädchens bleibt im Gerichtssaal stehen. Die Sache wird nicht weiter verfolgt, obwohl sie auf eine geplante Tat, damit auf vorsätzlichen Mord und damit längere Haftstrafen hindeutet. Der Prozeß soll nicht weiter verlängert werden. Durch die Aussage des Mädchens in letzter Minute ist die Urteilsverkündung ohnehin um zwei Tage verzögert worden.

Das Urteil ist gefällt.

3. Kapitel:

Satanismus

I.

Was hat den Mord im Wald von Sondershausen ausgelöst? War es denn nun wirklich Satanismus? Oder war es eine vom Geltungsdrang einiger Jugendlicher angetriebene Wichtigtuerei?

Diese Frage wird immer wieder gestellt. Und der Grundton des Zweifels ist oft nicht zu überhören. Er nährt sich an der Vorstellung, daß zur Tötung im satanistischen Sinn ein kultischer Rahmen gehört. Eine rituelle Tötung im Rahmen einer Schwarzen Messe.

Ein von schwarzen Kerzen gespenstisch erhellter Raum. Das Pentagramm und ein umgedrehtes Kreuz irgendwo im Blickfeld, die Zahl 666 mit Blut an die Wand geschmiert, vielleicht auch auf den Körper des Opfers.

Das Opfer liegt auf einem Tisch. Ein Tier. Ein Mensch. Die Satansjünger stehen im Kreis drumherum, in Kapuzenmäntel gehüllt. Nach dem Verlesen von satanischen Texten und düsteren Gebeten, wird das Opfer Satan übergeben. Dann führt der Priester mit dem Ritualdolch die Tötung durch.

Das ist etwa die Vorstellung, die von den gestellten Bildern in den Zeitungen und den nachgespielten Szenen im Fernsehen hervorgerufen wird. Es ist ja auch nicht alles frei erfunden, denn Tötungen von Tieren und Menschen als Ritualmord gibt es im Satanismus wirklich.

Was am Abend des 29. April 1993 im Bungalow am Totenberg geschah, war gewiß weit davon entfernt. Es gibt keinen Hinweis auf eine kultische Handlung oder ein Ritual. Damit ist aber der Satanismus nicht aus dem Spiel.

Die Kammer des Landgerichtes in Mühlhausen stellt in ihrer Urteilsbegründung fest: »Die ständige Beschäftigung mit satanistischem Gedankengut und mit den Tötungsdarstellungen in Filmen allgemein und das Spielen mit dem Gedanken an eine Tötung Sandros haben die bei anderen Menschen vorhandene Hemmschwelle vor einer Tötung deutlich herabgesetzt. Auch wenn Schauseil und Möbus betont haben, ihre Äußerungen in Liedtexten oder etwa in dem Interview seien doch nur Show gewesen, so ist doch deutlich geworden, daß ihre über längere Zeit nach außen hin eingenommene Haltung eine innere Prägung zur Folge gehabt hat, in der Weise, daß sich die innere Einstellung dem nach außen getragenen Bild der Bösen und zu allem fähigen Satanisten immer weiter angenähert hat.«

So ist am Ende Sandro doch ein Opfer des Satanismus. Und die Täter auch.

Das läßt sich eindrucksvoll belegen. Wenn der Tod von Sandro ein Ritualmord gewesen wäre, dann blieben den Tätern die Rollen als gruselige Sonderlinge und Monster. Und nachdem sich alle ein bißchen gefürchtet und gegruselt haben, würde die Story zusammen mit den vielen bunten Illustrierten beim Altpapier landen. Das Leben kann weitergehen.

Aber so einfach ist es eben nicht. Die Jugendlichen von Sondershausen, die sich nicht nur Satanisten nannten, sondern auch welche waren, ihre Freunde und Sympathisanten, waren eben keine Monster und Sonderlinge, sondern normaler Durchschnitt.

Wir sind also gezwungen, tiefer nachzufragen. Und das ist gut so. Nur so kommen wir dem Wesen des Satanismus auf die Spur. Nur so erkennen wir seinen Betrug und seine Bedrohung.

II.

Schon vor der Wende, etwa im Jahr 1988, werden einige der späteren Satanisten auffällig. Sie sind noch Kinder, aber sie gehen schon spielerisch mit satanistischen Symbolen um. Die Klassenlehrerin wird darauf aufmerksam. Nach der Wende beginnt sich die Gruppe zu formieren. Es wird klar festgelegt, wer dazugehört und wer nicht. Ein enger Kreis von acht bis zehn Freunden entsteht und bildet den Kern der Satanistengruppe.

Es werden Satanstaufen durchgeführt, die mit Blut vollzogen werden.

Als Sebastian Schauseil am 27. Januar 1992 in einer Gesprächsrunde des CVJM erzählt, daß sie als Satanisten auch Menschenblut trinken, heißt es im schriftlichen Bericht des CVJM-Vorsitzenden: »Auf unser erstauntes Fragen, woher sie das nehmen, zeigte er uns seine Arme, die von oben bis unten mit Schnittwunden bedeckt waren.«

In der christlichen Kirche werden Menschen mit Wasser auf den Namen des dreieinigen Gottes getauft. Sie erhalten einen Namen und sind von da an Gottes Kinder.

Im Satanismus wird auch getauft. Aber mit Blut. Die Bluttaufe ist ebenso Ausdruck der völligen Hingabe und Übergabe des Lebens des Getauften – jedoch unter die Macht Satans.

Die Taufe bestimmt ein Herrschaftsverhältnis. In der christlichen Taufe wird ein Mensch unter die Herrschaft Gottes gestellt. Sie ist der Beginn eines neuen Lebens, das unter dem Zeichen der Liebe Gottes und seiner Vergebung steht. Gottes Geist nimmt von ihm Besitz.

Auch die Satanstaufe ist Festlegung eines Herrschaftsverhältnisses. Sie ist Zeichen der Bereitschaft zur Anerkennung satanischer Lebensregeln. Der Geist Satans bestimmt das Leben.

Das ist die theologische Bedeutung der Taufe und ihr religiöser Stellenwert. Sie ist mehr als nur ein nasses oder gar blutiges Spektakel. Sie schafft für den Gläubigen Verbindlichkeiten und stellt Beziehungen her. Die Taufe ist etwas anderes, als der Eintritt in einen Verein. Das wußten sogar die Jugendlichen in Sondershausen.

Im Buch »Satanskinder« von v. Billerbeck und Nordhausen wird eine »Taufe« beschrieben:

»Im Oktober soll Heidje (Name geändert) ›getauft‹ werden. Heidje ist möglicherweise in Sebastian verliebt, auf jeden Fall bewundert sie ihn und ist neugierig. Eines Morgens erscheint sie mit einem umgedrehten Kreuz am Hals in der Schule. Da wird Sebastian natürlich aufmerksam, und so kommt eins zum anderen. Für die Zeremonie werden Helfer gebraucht, und Sebastian hat dafür Christina und Lena vorgesehen.

Im Vorfeld entspinnt sich eine Diskussion über Sinn und Zweck des Ganzen. Auf den kleinen Zetteln, die im Unterricht hin- und herfliegen und die viel spannender sind als der eigentliche Lernstoff, fragt Lena an: ›Wenn man nicht voll und ganz dahintersteht, dann hat das für mich keinen Sinn! Ich denke, wenn man dazugehört, dann muß man ja auch so leben und handeln, wie es die satanistische Religion vorgibt! Ich würde das zumindest so sehen. Zwischen ›getauft sein‹ (Satanist sein) und ›klar mitmachen‹ ist ein weiter Unterschied, denke ich.‹

Sebastian: ›Sicher. Ich kann (und will) Dich auch nicht zwingen. Wär ja sinnlos. Außerdem mag ich Dich viel zu sehr, als daß ich Dir sowas ›antun‹ könnte. Kommst Du trotzdem? Nimmst Du meine Entschuldigung für diesen ›Angriff‹ (?) an? Ich liebe Dich zwar nicht, aber ich mag Dich sehr . . .‹

Lena: ›Soso. Ja, ich werde trotzdem kommen. Was war denn das mit Andreas K.? Willst Du Heidje wirklich taufen lassen?‹

Sebastian: ›Na, K. ist getauft (ich meine, weil er ›der brave Andy‹ ist). Heidje? Ich weiß nicht . . . Sie wirkt so . . . unsicher: Wenn sie fragt, ob sie dann ewig gebunden ist, kommt mir das spanisch vor.‹

Lena: ›Wieso?‹

Sebastian: ›Na, sie soll sich am Sonnabend taufen lassen. Sie hat Angst . . . Lena, ich möchte, daß Du Dich taufen läßt. Hast Du Angst? Willst Du nicht? Warum?‹

Lena: ›Nein, ich möchte nicht getauft werden. Ich denke, daß ich am besten ohne eine Abhängigkeit oder irgendeinen Glauben leben kann. Ich mag es nicht, an irgend etwas gebunden zu sein. Falls die ›Nichttaufe‹ den Ausschluß aus der *Absurd*-Clique und den anderen Treffs nach sich zieht, muß ich das wohl akzeptieren. Angst hätte ich nicht davor. Ich denke, Tine denkt genauso. Don't know. Ich dachte, die Teilnahme an den Messen wäre unverbindlich. Dabei sein wär alles. Ich hoffe, die Gründe sind akzeptabel für Dich, aber ich würde nie etwas tun, was gegen meine innere Überzeugung/Einstellung spricht.‹

Sebastian: ›Yeah, sure. Ausschluß? Auf keinen Fall! Die Teilnahme war/ist natürlich ›unverbindlich‹. Aber – wo siehst Du Abhängigkeit? Ich gehe ab und zu auch in die Kirche oder so. Ich persönlich sehe weder Abhängigkeit noch Einfluß auf Dein Leben. Nicht direkt. Ich meine, Du bist nicht gebunden o.ä. (wie zum Beispiel Andreas K. – das sagt alles). Ich hätte Dich so gern dabei . . .‹

Lena: ›Wie bist du darauf gekommen, daß die Angst nur von den anderen Besitz ergreift, daß wir über den Dingen stehen und welches ›Opfer‹ habt ihr vor?‹

Sebastian: ›Ein (?) geistiges Opfer . . . eine Sache, die das geistige Fassungsvermögen total übersteigt. Uns!‹« (Satanskinder, S. 53 f).

Was für ein Dialog, an dessen Ende die Frage nach dem Opfer steht. Nicht von Katzen und Hühnern ist jetzt die Rede, die als Opfer in Frage kommen. Er nennt es »ein geistiges Opfer, eine Sache, die das geistige Fassungsvermögen total übersteigt. *Uns*!«

Sie selbst, die Satanisten, sind das Opfer. Es geht um ihre Person, ihr Leben. Ein geistiges Opfer. Sie opfern sich dem Geist Satans. Sie übergeben ihr Leben seiner Macht. Eine Sache, die das geistige Fassungsvermögen total übersteigt.

Es handelt sich um eine Glaubensaussage und eine Glaubenshaltung. Hier bewegen wir uns in religiösen Kategorien. Glaube ist Hingabe, ist Lebensopfer. Es ist die totale Hinwendung an eine Sache – Satan oder Gott!

Auch der christliche Glaube spricht von der Entscheidung für den lebendigen Gott von einem »Lebensopfer«, einem geistigen Opfer: »Daß ihr eure Leiber hingebt als ein

Opfer, das lebendig, heilig und Gott wohlgefällig ist. Das sei euer vernünftiger Gottesdienst« (Römer 12,1).

Wo solche Gedanken Siebzehnjährige umtreiben und Aussagen von solchem Tiefgang gemacht werden, kann ich die Meinung derer nicht teilen, die dem Satanismus in Sondershausen die Ernsthaftigkeit absprechen. Es sei denn, man ignoriert die Selbstzeugnisse der Satanisten.

Man muß sie beim Wort nehmen. Nur so erschließt sich, was in ihnen vorgegangen ist und welches die Hintergründe der unbegreiflichen Tat sind.

»Darf man denn alles, was diese Spinner irgendwann und irgendwo einmal gesagt haben, so auf die Goldwaage legen?« höre ich als kritischen Einwand. Vielleicht nicht auf die Goldwaage. Aber hören und ernstnehmen muß man es schon, sonst wird man dem Geschehenen nicht gerecht.

Nach diesem Gedankenaustausch in der Schule kommt es in einer Vollmondnacht zur Taufe. In »Satanskinder« (S. 55) wird erzählt: »Nun schreitet Dark Mark Doom (Sebastian Schauseil) zur Taufzeremonie. Er breitet die Arme aus und hält eine kurze ›Predigt‹, die so rätselhaft und unfaßbar ist, daß niemand sich mehr an seine Sätze erinnert. Er ruft sodann Heidje zu sich und sieht sie durchdringend an, während die anderen auf dem staubigen Boden knien müssen. Dann murmelt er minutenlang unverständliche Formeln. Es fallen Worte wie ›Tod‹, ›Satan‹ und ›Luzifer‹.

Nach einer weiteren Folge von Beschwörungen greift Sebastian nach dem Arm seines Täuflings. Plötzlich hat er ein Messer in der Hand und schneidet dem Mädchen in den Finger. Sie blutet stark, und Sebastian schlürft ihr Blut.

Als eine halbe Stunde vergangen ist, erklärt der Meister das Ritual für beendet. Während Sebastian zufrieden das Messer ableckt, ist Heidje total schockiert – und für alle Zeiten vom Satanismus geheilt.«

Nicht alle erleben diesen heilsamen Schock.

Die Getauften erhalten einen neuen Namen als äußeres Zeichen eines neuen Lebens. Auch die Satanisten von Sondershausen geben sich neue Namen, die sie immer nennen, wenn sie sich als Satanisten vor allem schriftlich äußern. So finden sich diese Namen in den Schülerzeitungen beider Gymnasien, auf Briefen und in Texten, die mit der Band *Absurd* zu tun haben. Dabei ist der Name nicht Schall und Rauch.

Christliche Eltern geben ihren Kindern oft bewußt Namen aus der Bibel oder von Glaubenszeugen aus der Geschichte der Kirche. Sie verwenden Namen, die ein Bekenntnis ausdrücken: Dorothee (Gottesgeschenk).

Auch die Jugendlichen von Sondershausen denken sich bei ihrer Namensgebung etwas. Hier eine Auswahl ihrer Namen:

Dark Mark Doom (Zeichen des dunklen Schicksals)

Randall The Vandal Flagg, called »Messiah« (Randall ist die Hauptfigur in Stephen Kings Roman »Das letzte Gefecht« und ist dort das personifizierte Böse)

Damien Thorn (Hauptperson im fünfteiligen Kinofilm »Das Omen«, dort Kind des Teufels)

Norman Bates (aus dem Film »Psycho« von Hitchkock mit der grauenvollen Mordszene unter der Dusche)

Chuck Daniels

Fürstin Deicide VI.

Hannibal the Cannibal

Hellsturm (Sturm der Hölle).

III.

Was immer mit als erstes ins Gerede kommt, wenn in einem Dorf oder einer Stadt »satanistische Umtriebe« vermutet werden, ist die Abhaltung von sogenannten »Schwarzen Messen«. Das ist auch in Sondershausen so gewesen.

Die Schwarze Messe ist in der Tat ein Gestaltungsteil satanistischen Glaubens. Sie geht auf Rituale zurück, die im 17. Jahrhundert am Hof der französischen Könige gefeiert wurden. In Salons wurde von Angehörigen der Hofgesellschaft die römisch-katholische (weiße) Messe pervertiert. Unter Mitwirkung eines geweihten Priesters wurden christliche Symbole zerstört, geweihte Hostien geschändet, indem sie in Tierblut getaucht und gegessen wurden, sakraler Geschlechtsverkehr vollzogen, Tiere und neugeborene Kinder geopfert.

Besonders berüchtigt sind, vor allem wegen der mit ihnen verbundenen Kinderopfer, die von Madame de Montespan von 1673-79 durchgeführten Schwarzen Messen. Die Mätresse Ludwigs XIV. wollte mit magischen Kräften die verlorene Gunst des Königs zurückgewinnen.

Diese harte und extreme Form der Schwarzen Messe gehört durchaus nicht der Vergangenheit an. Mir sind durch glaubwürdige Berichte von Aussteigern aus der Satanismusszene im vergangenen Jahr mehrere Fälle bekanntgeworden, wonach gegenwärtig in der Bundesrepublik Deutschland bei Schwarzen Messen Frauen vergewaltigt und dabei gezeugte Kinder geopfert worden sind.

Aleister Crowley hat im Laufe der Jahre seiner Tätigkeit mit perverser Phantasie die Ausgestaltung von Schwarzen Messen noch bereichert. In den letzten Jahren hat Josef Dvorak, ein katholischer Theologe, nach neuen Gestaltungsmöglichkeiten gesucht und sie gefunden.

Gelegentlich sind in den siebziger Jahren Schwarze Messen von Rock-Bands auf der Bühne zelebriert worden. Gruppen wie *Black Sabbath* und andere haben sich damals besonders hervorgetan.

Das meiste des soeben Geschilderten trifft für die Schwarzen Messen, die in Sondershausen gefeiert wurden, nicht zu. Es sind keine Kinder geopfert worden. Auch Tieropfer, von denen Gerüchte immer wissen wollten, werden zwar vermutet, sind aber nicht sicher belegt.

Unstrittig ist: Es sind Schwarze Messen gefeiert worden. Treffpunkte dazu waren der Hauptfriedhof oder der Steinbruch oberhalb des Bungalows im Wald. Dabei hat man mit Rotwein oder Salz ein Pentagramm auf die Erde gezeichnet, Luzifer nach allen vier Himmelsrichtungen hin angerufen, und Sebastian Schauseil hat in unverständlichen Worten Anrufungen Satans gemurmelt.

Hendrik und Sebastian hielten gelegentlich auch eine Art Predigt. Blut wurde aus dem aufgeritzten Unterarm in den Wein geträufelt und anschließend getrunken. Danach wurde weiter dem Alkohol zugesprochen solange der Vorrat reichte. Einige Teilnehmer an diesen Schwarzen Messen bewerten heute die Zusammenkünfte als lustige Besäufnisse. Andere fanden das Ganze damals schon lächerlich oder abschreckend. Sie bestätigen aber auch, daß Sebastian und Hendrik die Treffen unheimlich ernst nahmen und sie sauer wurden, wenn andere darüber ihre Witze machten.

Sie waren mit Ernst dabei. Und das zählt.

IV.

Der Satanismus befand sich in Sondershausen in einem Frühstadium. Es ist erstaunlich, was sich diese siebzehnjährigen Jugendlichen sozusagen im Selbststudium angeeignet und wie sie es gestaltet haben. Es ist erschreckend, welche Auswirkungen der Satanismus selbst in seinem Frühstadium und nach so kurzer Zeit auf Menschen haben kann.

Bei seinem Verhör nach dem Motiv für die Ermordung von Sandro befragt, antwortet Sebastian: »Es gibt kein vernünftig erklärbares Wieso. Es war einfach so, daß das wie geschrieben vor uns stand, irgendwie, daß er weg müßte. Einfach so, es ging gar nicht anders. Es war einfach in uns drin, es war wie ein Zwang.«

Und wenig später fährt er in seinem Geständnis fort: »Es stand also auf jeden Fall seit einiger Zeit fest, daß ich irgendwann mal jemanden umbringen würde, einfach aus dem Muß heraus, aus diesem Muß es zu tun, um sich selbst nicht zu bestätigen, sondern einfach, um sich selbst am Leben zu erhalten, ohne daß er (Sandro) jetzt mein Leben bedroht hätte. Aber es stand ganz einfach fest, daß entweder ich alleine oder in der Gruppe mal jemanden töten würde.«

Erschütternd beschreibt Sebastian hier seinen Zustand. Die Bibel nennt so etwas schlicht »Besessenheit«. Es gehört heute schon fast Mut dazu, diesen Begriff überhaupt zu benennen. Man gerät in den Verdacht, den Ungeist mittelalterlicher Hexenverfolgung aufleben zu lassen. Wenn in der Bibel von »Besessenheit« geredet wird, dann ist das Besetztsein durch eine lebenszerstörende Macht gemeint.

»Es war einfach in uns drin, es war wie ein Zwang.« In erschreckender Offenheit und Klarheit benennt einer der Täter ihre psychische Verfassung. Die Hemmschwelle, sich am Leben eines anderen Menschen zu vergreifen, ist auf dem Nullpunkt angelangt.

Es ist wie bei einem Kranken, der in nüchterner Einschätzung der Symptome die Diagnose selbst stellt.

»Es ging gar nicht anders ... einfach aus dem Muß heraus ... stand ganz einfach fest, daß entweder ich alleine oder in der Gruppe mal jemanden töten würde.«

Hier gesteht ein Mensch, der sich nicht mehr kontrollieren und steuern kann, obwohl er sich natürlich einbildet, sich in der Gewalt zu haben. Er ist in der Gewalt eines anderen. Er empfindet das auch so, für einen kurzen Augenblick.

Satans Geist hatte von diesen Jugendlichen Besitz ergriffen. Diese Selbsterkenntnis in der Nacht des Geständnisses der Mordtat hat blitzlichtartig die Fratze Satans hinter den Kulissen der Tragödie erkennen lassen.

Das ist die Bedrohung der satanistischen Ideologie, daß sie von Menschen Besitz ergreift und ihr Denken und Handeln zum Bösen bestimmt.

Und der Betrug, daß unter der Vorgaukelung von grenzenloser Freiheit Menschen in unheilvolle Abhängigkeit geraten. Man kann mit dem Bösen nicht spielen, ohne selbst Spieler in dem Marionettentheater zu werden, in dem ein anderer die Fäden in der Hand hat.

V.

Bei seiner Vernehmung am Tag der Verhaftung wird Sebastian Schauseil vom Kriminalbeamten nach dem Zusammenhang zwischen dem Satanismus und dem Mord an Sandro Beyer befragt. Er antwortet: »Also, es besteht kein direkter Zusammenhang zu unserem Glauben, also kein direkter Zusammenhang zum Satanismus. Wir haben das jetzt nicht aus religiösen Gründen getan, also nicht, um ihn zu opfern oder ähnlich. Es war einfach, ohne an unseren Glauben in diesem Augenblick zu denken.«

Der Kriminalbeamte fragt nach: »Läßt Ihr Glauben eine solche Handlung zu?«

Sebastian antwortet: »Rein theoretisch schon, das heißt, der wahre Satanismus sieht zwar von Menschenopfern und Tieropfern sowieso strengstens ab, da es, wie gesagt, keinen Sinn erfüllt. Aber es war ja keine Opfertat, und da der Teufel der Widersacher Gottes und daraus ja auch der Widersacher des Menschen ist, ist die Tötung eines Menschen also durchaus kein verwerfliches Delikt in unserem Glauben.«

In unserem Glauben. Die Satanisten haben also einen Glauben.

Das übersehen die meisten. Vor allem die, die das Ganze für eine Spielerei halten. Der Satanismus hat eine Ideologie. Es gibt eine Lehre, es gibt Gebote und Handlungsvorschriften, und es gibt zahllose Bücher darüber, die alles vermitteln und die in jeder Buchhandlung zu beziehen sind.

Es sprengt den Rahmen dieses Buches, eine halbwegs umfassende oder gar eine Gesamtdarstellung satanistischen Glaubens und Denkens zu geben. Ich bezweifle, daß das überhaupt möglich ist, denn der Satanismus ist eine ungeheuer vielschichtige und verworrene Angelegenheit, um es vorsichtig auszudrücken.

Josef Dvorak, Satanist und Herausgeber eines Buches über den Satanismus, hat in einer Talkrunde bei NDR 3, an der ich teilgenommen habe, zur Kritik an seinem mißverständlichen Buch erklärt: »Für Blöde schreibe ich nicht. Für Blöde sind die christlichen Kirchen zuständig.«

Ich bin schon immer gern Pfarrer gewesen. Aber seit ich Herrn Dvorak kennengelernt und sein Buch gelesen habe, bin ich es noch lieber. Seine Art der Argumentation kenne ich schon aus DDR-Zeiten. Dort war es auch üblich, jeden als dumm zu bezeichnen, der am christlichen Glauben festhielt, der sich konfirmieren ließ, zur Jungen Gemeinde ging, Gottesdienste besuchte und sich weigerte, der sogenannten »wissenschaftlichen Weltanschauung des Marxismus-Leninismus« Glauben zu schenken.

Glaubensfragen sind keine Fragen von Intelligenz, auch wenn linke oder satanistische Ideologen dies nicht einsehen wollen.

Die Sondershäuser Satanisten waren zum Zeitpunkt des Mordes an Sandro 17 Jahre alt. In den etwa zwei Jahren ihrer »öffentlichen Wirksamkeit« haben sie schon einen erstaunlich gefestigten ideologischen Hintergrund entwikkelt. Sie waren keine Hobby-Satanisten, die mal eine Fete oder Party mit ein paar Gags aus ihrer Gruselkiste zum makabren Höhepunkt brachten, oder primitive Grabschänder und Grabsteinumstoßer, die als Bürgerschreck allgemeine Empörung provoziert haben.

Es hat in dieser Zeit keine Kirchenschändung in Sondershausen oder in der Umgebung stattgefunden. Sie haben auch keine tote Katze an irgendeine Kirchentür in Sondershausen genagelt. Nicht einmal das Beschmieren von Hauswänden mit satanistischen Parolen war für diese Gruppe ein Thema.

Das alles kann man zunehmend häufiger als Kennzeichen für das Vorhandensein satanistischer Gruppen überall im Lande in Presseberichten lesen. Aus dem Fehlen solcher Erscheinungen aber zu schließen, daß die Sondershäuser eine Gruppe von »Mickey-Mouse-Satanisten« waren, wie das die »Satanskinder«-Buchautoren v. Billerbeck und Nordhausen in einem Artikel in der Wochenzeitung

DIE ZEIT behauptet haben (*DIE ZEIT* Nr. 8 vom 18. 2. 1994), tut diesen Jungs Unrecht.

Sie haben sich ernsthaft mit dem Satanismus auseinandergesetzt. Ernsthafter jedenfalls als viele der Möchte-Gern-Satanisten, die nur den vorübergehenden Nervenkitzel oder die Provokation und das Schocking von Gesellschaft und Kirche suchen.

Sie haben Literatur über den Satanismus und satanistische Bücher gelesen. Sie haben sich dabei ein Grundwissen und eine Einstellung angeeignet, die erstaunlich sind und die sie immer wieder als »ihren Glauben« bezeichnen. Sie haben sich dazu auch öffentlich bekannt.

VI.

Die Redakteure der Schülerzeitung *Kurz und gut* des Prof.-Irmisch-Gymnasiums, das eine Reihe von Satanisten besuchten, gingen der Frage nach dem satanistischen Glauben nach. Sie haben einem der Satanisten ihre Fragen vorgelegt und der hat das Interview schriftlich gegeben.

Interview mit Hendrik Möbus

Neues aus/für die Gerüchteküche!

Wer kennt sie nicht, die »schrägen Vögel« aus der Elften?! Diejenigen, die anders sind als die anderen. Diejenigen, über die gruselige Dinge erzählt werden, so daß manchem ein Schauer über den Rücken läuft. Diejenigen, die alle in einen Topf geschmissen werden – als »die Idioten, die Spinner«.

Diejenigen, die jeder kennt und gleichzeitig doch nicht.

Denn: Was denken sie wirklich? Was ist überhaupt wahr? Was machen sie? Ist ihre Art Show oder Ernst? Und was für Menschen sind sie eigentlich?

»Kurz und Gut« führte deshalb ein Interview mit Hendrik Möbus, das auf Wunsch ungekürzt, ohne Kommentare und ohne zusätzliches Bildmaterial abgedruckt wird.

Was ist wahr an den Gerüchten, die über Euch in Umlauf sind (Blutfeten, nächtliche Treffen auf dem Judenfriedhof usw.)?

»Lüge ... Wir tun schon seltsame Dinge. Aber das geht nur uns etwas an. Judenfriedhof? Forget it (vergiß es), wir bevorzugen den düsteren Wald. Blutfeten? Was soll das sein?«

Woran glaubt Ihr eigentlich?

»Diese Frage!! Aber gut ...

Unser Glaube ist eine Verbindung von uralten indianischen Ritualen mit skandinavischer Mystik, angereichert mit dunklem Voodoo-Kult und das alles durchsetzt mit der brutalen Genialität Luzifers Anti-Religion.

Wir glauben ...

na sad esöB; na ned doT; na sad hcsielF, na eid tsuL; na eid tchaM;

na eid sinretsniF; na eid thcalhcS; na ned geiS; na eid neleeS; na eid nenomäD;

na refizuL, neresnu retaV dnu retsieM; na sad tulB; na eid gnurötsreZ;

na sad soahC; na eid eihcranA; na eid thcaN; na eresnu tfarK ...

Das ließe sich fortsetzen ... aber ich denke, das reicht.«

(Anmerkung des Autors: Obiger Text ist rückwärts zu lesen:

Wir glauben ...

an das Böse; an den Tod; an das Fleisch; an die Lust; an die Macht;

an die Finsternis; an die Schlacht; an den Sieg; an die Seelen; an die Dämonen;

an Luzifer, unseren Vater und Meister; an das Blut; an die Zerstörung;

an das Chaos; an die Anarchie; an die Nacht; an unsere Kraft ...

Die umgedrehte, rückwärtige Schreibweise ist eine satanistische Spielerei. Diese Art der Verschlüsselung von Texten hat symbolischen Charakter und entspricht dem satanistischen Programm, das Normale umzudrehen, auf den Kopf zu stellen. Unter diesem Aspekt ist auch das sogenannte »backward masking« zu sehen. Beim »backward masking« von Musikproduktionen werden Texte rückwärts in die Songs eingespielt. Dies ist möglich, da Instrumente und Gesang auf unterschiedlichen Spuren getrennt aufgenommen und erst später gemischt werden. Bei dieser Mischung wird dann eine Spur rückwärts eingespielt. Bei der normalen Wiedergabe bleibt der Text unverständlich. Läßt man das Band jedoch rückwärts laufen, so ist der Text ziemlich deutlich zu verstehen. Beispiele dafür haben die Rockgruppen *Led Zeppelin, Black Oak Arkansas* und andere geliefert.

Diese Methode der Verschlüsselung satanischer Texte geht auf Aleister Crowley zurück, zu dessen Lehre es gehörte, daß ein Mensch, der sich wirklich mit dem Satanismus beschäftigen will, in der Lage sein muß, diese umgedrehte Sprache »zu sprechen, zu lesen, zu schreiben, zu denken und zu verstehen«.)

Was denkt Ihr über Christen?

»Christen? Wenn Ihr so etwas wie den CVJM meint, we hate and destroy it!!! (wir hassen und zerstören es). Scheiß-Pseudos. Wenn aber aufrechte und ehrliche Christen gemeint sind wie die Apostel und Jesus Christ, nun, wir akzeptieren einzigst sie als unsere Gegner in der ewigen Schlacht zwischen Gut und Böse . . .!«

Feiert Ihr »Schwarze Messen«? Wenn ja: Wie? Was ist das überhaupt?

»Primitiv, diese Frage . . . feiert Ihr denn Partys und Feten?! Ich denke doch. ›Schwarze Messen‹ ist ein mit Vorurteilen belasteter Begriff . . . *Wir* haben unsere eigenen Riten und Zeremonien, aber das braucht *Euch* in keinster Weise zu interessieren!!! Nur: So ein Shit wie in BRAVO und sonstwo zu lesen, ist es auf keinen Fall!«

Welche Meinung habt Ihr zum Tod? Habt Ihr Angst vorm Sterben? Denkt Ihr, daß danach noch etwas passiert?

»Tod – süßer Gedanke, lockende Versuchung, holde Tat.

Tod – süße Verwesung, lockender Gestank, holdes Gebein.

Tot zu sein, ist für uns Zustand absoluter Erfüllung.

Erst nach dem Tod hat man seinen Astralkörper unter völligster Kontrolle. Wir wünschen den Tod!!! Und zwar *aller* Lebewesen. Denn für die einen wird es zur ewigen Freude, für andere zur ewigen Qual!«

Macht Ihr Religionsunterricht mit? Wenn ja: Was haltet Ihr davon und wie verhaltet Ihr Euch?

»Nein. Nichts Neues am Horizont der Schein-Christen ... Alte abgedroschene Phrasen, leere Worthülsen. Langweilig.«

Habt Ihr schon einmal etwas erlebt, was für Euch ein Zeichen war, daß es einen Satan gibt? Wenn ja: Was? Wann? Wo?

»Fuck you & DIE!!! Eine sinnlose Frage, dennoch will ich sie beantworten: Jeder von uns hat seine Erlebnisse mit der dunklen Seite, aber das geht nur uns etwas an.

Sahen denn die Christen unter Euch schon Jehova oder Jesus? Sicher nicht, aber dennoch wissen sie: Es gibt Gott. Es lebte Jesus.«

Wie seid Ihr zu Euren Ansichten gekommen?

»Die kamen mit der Post ... Go to HELL!

Natürlich durch langes, intensives Nachdenken und tiefe Überzeugung. Wie denn sonst?!«

VII.

Auch Sebastian Schauseil hat sich über seinen Glauben geäußert. Am 27. Januar 1992 kommt es zu einem Gespräch mit der Jugendgruppe des CVJM im Haus der Jugend in Sondershausen. Torsten Krannich, der damalige Vorsitzende des CVJM, berichtet über dieses Gespräch an die Stadtverwaltung:

»Bevor es zu dem Gespräch kam, dachten die meisten

von uns, das sind ein paar dumme Kinder, die sich irgend etwas zurechtspinnen. Um so größer war unser Erstaunen, einem hochintelligenten Jugendlichen gegenüberzustehen, der an keiner Stelle des Gespräches (ca. 1 Stunde) unsicher wirkte oder bei dem man den Eindruck hatte, seine Handlungen wären unüberlegt.

Im Folgenden möchte ich den Verlauf des Gespräches wiedergeben. Am Anfang zeigte Sebastian uns ein paar seiner gerade geschriebenen Texte. Darin ging es vorwiegend um Vampire, Hexen u.a.m. Es war alles sehr blutig. Er vertritt die Auffassung, daß zwar sein leiblicher Vater ein Mensch, er jedoch eine Art Reinkarnation sei und im Endeffekt aus der Hölle stamme. Die Philosophie, die sie vertreten, geht letztlich nicht davon aus, daß sie eventuell gut wären, sondern sie sagen von sich: ›Wir sind schlecht und böse‹.

Sebastian sagt von sich, daß er der oberste Priester dieser Gruppe sei. Er ist vermutlich auch ihre treibende Kraft. Er spricht oft davon, daß sie eine Sekte sind. Er bestätigte uns, daß sie regelmäßig auf den Friedhof gingen, um dort ihre Messen zu zelebrieren. Dabei rufen sie den Satan an und sprechen einen satanischen ›Segen‹ über der Stadt aus. Weiterhin kommt es oft zu Opferhandlungen, bei denen Menschenblut getrunken wird.

Auf unser erstauntes Fragen, woher sie das nehmen, zeigte er uns seine Arme, die von oben bis unten mit Schnittwunden bedeckt waren.

Sie freuen sich bereits jetzt auf ein qualvolles Leben in der Hölle. Mir fiel auf, daß die Worte Gemeinschaft und Fröhlichsein nie vorkamen. Sie kennen nicht das Gefühl der Freude. Von Vergebung oder Annehmen des anderen ist überhaupt keine Rede.«

Der Bericht endet: »Man spürte von Sebastian eine unwahrscheinliche Kraft ausströmen. Ich kann mir gut vorstellen, daß durch seine prägende Persönlichkeit Jugendliche angesprochen werden ... Ich bin mir bewußt, daß die Gruppe eine große Gefahr darstellt. Verbietet man ihnen jedoch den Zugang zum Haus der Jugend, verbaut man sich die Chance zum Gespräch.«

Man merkt dem Bericht die schockierende Wirkung dieses Gespräches noch an. Der Dialog konnte nicht fortgesetzt werden. Die Black Metal Band *Absurd,* zu der die Satanisten gehörten, verließ nach Unstimmigkeiten ihren Probenraum im Haus der Jugend im Frühsommer 1992 und zog sich in den Bungalow der Familie Möbus zurück.

Im Sommer 1992 findet vom 3.-5. Juli in Erfurt ein Kirchentag statt. Am Freitag, dem 3. Juli, wird eine große Zahl Arbeitsgruppen angeboten, die von vielen Schülern angenommen werden. Es ist geradezu ein Schülerkirchentag. Von manchen Schulen kommen vor allem Religionslehrer mit ihren Klassen und Gruppen nach Erfurt. Auch aus Sondershausen haben sich Religionslehrer mit ihren Klassen aufgemacht. Mit dabei sind die Satanisten.

Sie besuchen die Arbeitsgruppe »Jugendreligionen und Sekten« in der Predigerkirche. Was dort geschehen ist, läßt sich nur schwer wiedergeben. Auf jeden Fall hat sich Sebastian Schauseil in dieser Arbeitsgruppe mit einer längeren Erklärung zu Wort gemeldet.

Eine Religionslehrerin aus Sondershausen kann nachträglich nicht mehr Einzelheiten, sondern nur noch ihre Empfindungen beschreiben. Sie erinnert sich lediglich, daß das, was Sebastian Schauseil vor über 200 Teilnehmern sagte, so widerlich und bedrückend gewesen ist, daß ihr davon körperlich unwohl wurde und sie sich außerhalb der Kirche übergeben mußte.

Der Leiter der Arbeitsgruppe, der Religionshistoriker Winfried Müller aus Jena, gibt aus seiner Erinnerung wieder, daß Sebastian Schauseil erklärt habe: »Wir sind überzeugte Satanisten und beten Luzifer an. Eine Katze oder einen Hund zu opfern, macht uns gar nichts aus.« Auf Nachfrage gibt er kund, daß auch Menschenopfer möglich seien. Müller weiter: »Ich fand es widerlich. Ich sagte zu ihm: Was Sie hier vortragen, klingt für mich wie aus der *SUPERILLU.«* (*DIE ZEIT* Nr. 31 vom 30. 7. 93)

Es verging kein Jahr, dann stand es wirklich in der SUPER-ILLU. Aber nicht als journalistische Übertreibung, sondern als traurige Wirklichkeit: Sandro Beyer war von diesen Leuten ermordet worden.

VIII.

Geistige Väter sind für die Sondershäuser Satanisten der Begründer des Neosatanismus Aleister Crowley und dessen Jünger. Crowley wurde am 12. Oktober 1875 geboren. Er war der Sohn eines Braumeisters und Plymoth-Bruders. Seine Mutter haßte er.

Die Crowleys kannten nur ein einziges Buch: die Bibel. Aleister faszinieren vor allem die schrecklichen Visionen der Apokalypse im letzten Buch der Bibel, der Offenbarung. Seine Sympathien gehören dabei immer den Gegnern des Himmels.

Er versucht sich zunächst als Dichter. Dabei befaßt er sich bereits mit sexuellen Perversionen. Der Hang zur Sexualmagie, die das Kernstück von Crowleys Praxis werden sollte, deutet sich schon an.

Genau um Mitternacht zu Silvester des Jahres 1896 hat er in Stockholm eine Vision, die ihm bestätigt, daß er das Große Tier 666 (To Mega Therion 666) nach Offenbarung 13, besonders Vers 18, ist. Der Name Aleister Crowley in hebräischen Buchstaben geschrieben ergibt den Zahlenwert 666. Darin sieht Crowley Johannes 13,18 erfüllt.

Er selbst versteht sich als die Inkarnation des Bösen und beschließt, Magier zu werden. So wird die Zahl 666 zum Symbol des Neosatanismus.

Zwei Jahre später, 1898, wird er Mitglied im Golden Dawn, einem esoterischen Geheimorden, in dem er sich intensiv mit Magie und Drogen befaßt. Er will die Droge finden, deren Gebrauch »die Tore öffnen wird zur Welt hinter dem Schleier der Dinge«. Er experimentiert mit Opium, Kokain und Haschisch.

Obwohl er sexuelle Exzesse liebt, hält er von Frauen wenig: »Am besten sollten sie zur Hintertür angeliefert werden, wie die Frühstücksmilch«, hat er einmal geäußert.

Crowley ist eine exzentrische Persönlichkeit, die keine Hemmungen kennt, unersättlich ist und zur Anregung schreckliche Erlebnisse braucht. Er zeigt keine Angst wahnsinnig zu werden, und findet, daß Syphilis die Grundlage der Genialität sei.

Vom 8. bis 10. April 1904 erlebt Crowley in Kairo eine Offenbarung. Sein »Schutzengel« Aiwass (= Satan), der sich »Minister des Herrn des Schweigens« nennt, diktiert ihm das Buch des Gesetzes *Liber AL vel Legis* (AL). Es ist das Gesetzbuch des Neuen Äons, in dem das jüdisch-christliche Gesetz nicht mehr gilt.

Im *Liber AL* steht: »Mit meinem Falkenkopf pick' ich nach Jesu Augen, während er am Kreuze hängt. Ich klatsche meine Schwingen in Mohammeds Gesicht und blende ihn. Mit meinen Klauen reiß' ich das Fleisch des Inders und des Buddhisten, Mongolen und Din heraus. Bahlasti! Ompehda!

Ich speie auf eure jämmerlichen Glaubensbekenntnisse.

Laßt die unverletzte Maria auf dem Rad zerrissen werden: Ihretwegen laßt alle keuschen Frauen gänzlich verachtet sein unter euch.« (AL III/51-55)

Crowley hat sich eine neue Religion geschaffen. Ihr Kern ist das Bewußtwerden der Göttlichkeit des Menschen. Bei Crowley geschieht dies besonders mit Hilfe sexualmagischer Praktiken. Die Inhalte seiner Religion hat er aus allen möglichen Religionen und Kulturen regelrecht zusammengeklaut.

Bei Dvorak liest sich das so (Josef Dvorak, *Satanismus*, 1993, S. 16): »Aleister Crowley, ein schwarzer Romantiker, schöpfte ungeniert aus allen religiösen, magischen, mystischen, kabbalistischen, rosenkreuzerischen, alchimistischen, templerischen und freimaurerischen Traditionen, die er in theosophischer Manier zu einem großen System von ›Korrespondenzen‹ verband. Auch propagierte er die rituelle Verwendung bewußtseinserweiternder Drogen (Meskalin).«

Zum Satanismus Crowleys gehört auch die Anrufung vormenschlicher und außerirdischer Horrorgestalten. Die satanische Macht versteht er als absolute, sexuell-orgiastische Energie, die den Kern des Alls bildet. Indem der Mensch ihrer inne wird, erkennt er sich als göttlich und erfährt seine Macht, sie freizusetzen und ohne Rücksicht auf Menschen, Institutionen und Normen seinen Willen zu tun.

Unter dem Namen »Thelema« versucht er von 1920-1923 in Cefalu, Sizilien, ein Kloster zu gründen. Die Neophyten (Schüler) müssen sich dem Ekeltraining unterziehen und eigenen Kot und Urin verzehren. Geschlechtsflüssigkeiten erhalten sakrale Funktion. Es werden magischer Sexualverkehr getrieben, Tieropfer geschlachtet und Katzenblut getrunken.

Die »Thelemiten« sind verpflichtet, das *magical record* (Tagebuch) zu führen und dem »Tier« zur Begutachtung vorzulegen. Außenkontakte sind auf ein Minimum reduziert, Zeitunglesen verboten. Wer das Wort ICH gebraucht, muß sich mit einem Rasiermesser in den Arm schneiden.

Crowley übt eine grausame und totale Herrschaft über seine Anhänger aus. Wenn es seinem Willen entspricht, verurteilt er sie auf magische Weise zum Tode. Das Leben in der Abtei auf Sizilien gleicht einem endlosen Hexensabbat. (Knaut, *Testament des Bösen,* 1979, S. 133)

Seine Persönlichkeit beschreibt Crowley selbst (Heide-Marie Cammans, *Okkultismus – zwischen Suche und Sucht,* 1994, S. 142): »Ich bin dir die Hure, gekrönt mit Gift und Gold, in bunte Gewänder gehüllt, mit Schande befleckt und Blut beschmiert, denn nur aus Geilheit habe ich mich allen hingegeben, denen nach mir gelüstet. Meine Stuprationen (Schänder, Vergewaltiger) habe ich vertausendfacht mit Verführung, Korruption und Erpressung. Mein Fleisch überließ ich der Fäulnis, mein Blut dem Gift, meine Nerven den Qualen der Hölle, meine Gedanken den Hexen. So trug ich Verderbtheit ins Erdenrund.«

Im Jahre 1922 wird Crowley Leiter des sexualmagischen Geheimordens O. T. O. (Ordo Templi Orientis). Nach einer Odysee durch Europa, die ihn auch kurzzeitig nach Weida in Thüringen führt, wo er sich als »Weltheiland« ausrufen läßt, stirbt Crowley verarmt und heroinsüchtig am 1. Dezember 1947. Seine letzten Worte sollen »I am perplexed« (Ich bin verwirrt/verrückt) gewesen sein.

Dvorak nennt ihn den »Ipsissimus« von »Western Tantrism«, »Magick« (absichtlich mit »ck« geschrieben) und irregulärer Freimaurerei, den Reformator und Neubegründer der antichristlichen europäisch-libertinistischen und anomistischen Gnosis – der Gnosis des Bösen (a.a.O., S. 15).

IX.

Im *Liber AL vel Legis* von Aleister Crowley ist also das neue, antichristliche Gesetz zusammengefaßt. Der Leitsatz dieses satanistischen Grundgesetzes lautet: »Tue, was du willst, soll sein das ganze Gesetz!« (AL I/40 und AL III/60).

Diesen Kernsatz des Satanismus hat Crowley nicht erfunden, sondern aus einer langen Tradition antichristlicher Geheimbünde und Orden übernommen. Er geht zurück auf den Bettelmönch François Rabelais. Der träumte im 16. Jahrhundert die Utopie eines Klosters »Abbaye de Thélème«, dessen Pforte die Überschrift tragen sollte: »Tu, was du willst.«

Eine freie Gemeinschaft von Individualisten sollte dort, allen Genüssen hingegeben, friedlich zusammenleben. Andere nach ihm haben diesen Traum verwirklicht.

Das oberste Gebot des Satanismus wird in einem Text von Crowley entfaltet, der sogenannten »Crowley-Charta«:

Es gibt keinen Gott außer dem Menschen.

1. Der Mensch hat das Recht, nach seinem eigenen Gesetz zu leben:

zu leben, wie er will,
zu arbeiten, wie er will,
zu spielen, wie er will,
zu ruhen, wie er will,
zu sterben, wann und wie er will.

2. Der Mensch hat das Recht,
zu essen, was er will,
zu trinken, was er will,
zu wohnen, wo er will,
zu reisen auf dem Antlitz der Erde, wie er will.

3. Der Mensch hat das Recht,
zu denken, was er will,
zu sagen, was er will,
zu schreiben, was er will,
zu zeichnen, malen, schnitzen, ätzen,
gestalten und bauen, wie er will,
sich zu bekleiden, wie er will.

4. Der Mensch hat das Recht,
zu lieben, wie er will:
»Auch erfüllet euch nach Willen in Liebe, wie ihr wollt,
wann, wo und mit wem ihr wollt!« (AL I/51)

5. Der Mensch hat das Recht, all diejenigen zu töten,
die ihm diese Rechte zu nehmen suchen.

»Liebe ist das Gesetz, Liebe unter Willen.« (AL I/57)
»Die Sklaven sollen dienen.« (AL II/58)

»Gnade laßt beiseite, verdammt die Mitleidigen! Tötet und quält, schont nicht. Auf sie!« (AL III/18), sind weitere Aussagen des *Liber AL vel Legis.*

Übrigens hatten die Satanisten in Sondershausen die Angewohnheit, Sandro in der Zeit, in der er versuchte, in ihren Kreis zu gelangen, in Briefen mit »Hey, Sklave!« anzureden.

Auch die Opferung ist nach diesem Gesetz geregelt:

»Opfere Vieh, klein und groß, nach einem Kind.« (AL III/12)

»Das beste Blut ist vom monatlichen Mond (damit ist wohl Menstruationsblut gemeint), dann das frische Blut eines Kindes oder Tropfen vom himmlischen Wirt, dann Blut von Feinden, dann das des Priesters oder Anbeters, endlich eines Tieres, gleich welches.« (AL III/24)

Nach Friedrich-Wilhelm Haack ist Crowleys Satanismus als eine Mischung aus neugnostischem Geheimwissen, altägyptischen Traditionselementen und indischem Geistesgut anzusehen (F.-W. Haack, *Geheimreligion der Wissenden*, 1966).

Der Mensch ist Gott dieser Welt und seinem eigenen Willen als einzigem Gesetz unterworfen. Der Mensch ist das Maß aller Dinge. Im Satanismus geht es letztlich um die Vergötzung des Menschen.

Nach der Vorstellung Crowleys soll das alte christliche Zeitalter mit der nach seiner Auffassung lebensverneinenden und weltfeindlichen christlichen Religion überwunden werden in einem Neuen Äon, der mit der Offenbarung des *Liber AL vel Legis* begonnen hat.

Hier haben alle antichristlichen und kirchenfeindlichen Äußerungen, der ganze Haß und die Verachtung gegenüber Christen und die Übergriffe auf Kirchen und christliche Symbole ihre Wurzel. Hier ist Feindschaft. Hier tun sich Welten auf. Das ist wie Feuer und Wasser.

»Tue, was du willst, soll sein das ganze Gesetz!«

Das ist eine faszinierende Botschaft, die ihre Wirkung nicht verfehlt. Sie trifft die Wunschvorstellungen vieler Menschen, nicht nur, aber besonders auch von Jugendlichen. Tun und lassen können, was man will. Das ist der Anspruch Jugendlicher, die erwachsen werden wollen. Sie wollen nicht länger von den Eltern, von den Lehrern, vom Staat oder von der Kirche gesagt bekommen, was sie zu tun und zu lassen haben.

Und wenn dann das, was man sich wünscht und mit dem man sich so schwer durchsetzen kann, sozusagen als

Heiliges Wort vermittelt wird, dann ist das schon eine spannende Geschichte, die Aufmerksamkeit und Interesse weckt. Tue, was du willst!

Und wenn dann noch alle Mittel geheiligt werden, kann die Sache schon sehr gefährlich werden.

Es ist ja ein legitimer Anspruch, seinen eigenen Weg gehen zu wollen, eigene Entscheidungen treffen zu können und sich nicht hineinreden zu lassen. Die Spanne zwischen dem 15. und dem 20. Lebensjahr ist voller Versuche, sein eigenes Leben leben zu können, Sinn und Inhalt für das Leben zu finden und nach dem Woher und Wohin seines Lebens zu fragen.

In dieser Zeit des Suchens und Fragens geraten Jugendliche nicht selten mit Okkultismus und Satanismus in Kontakt. Es wird oft unterschätzt oder übersehen, daß man in dieser Zeit auch Hilfe braucht. Hilfe von Menschen, die mit ihrer Lebenserfahrung raten und begleiten. Hilfe aber auch durch eine geistige und geistliche Orientierung, die suchenden Menschen Normen, Werte und Maßstäbe für ein menschlisches Leben anbietet. Die Normen und Werte des Satanismus können und dürfen das nicht sein, denn sie sind menschenverachtend, rücksichtslos und lebensfeindlich.

Sie sind, was sie ausdrücken: zerstörerisch, voller Gift für alle Beziehungen und Bereiche, haßerfüllt und lebensbedrohlich für den, der damit umgeht, und für den, gegen den sie sich richten. Sich selbst überlassene Jugendliche sind dem Ansturm dieser Werte und Normen schutzlos ausgeliefert.

X.

Zum Prozeß vor dem Landgericht in Mühlhausen erscheint ein äußerlich veränderter Sebastian. Er hat jetzt kurze Haare und ist blaß im Gesicht. Während der Verhandlung ist er voll konzentriert, und gelegentlich kann man sehen, wie sich die Muskeln an den Kinnladen im Gesicht nervös bewegen. An einem Ohr trägt er, für alle sichtbar, einen Ohrschmuck:

Ein silbernes, umgedrehtes Kreuz. Das ist eindeutig.

Im Verlauf des Prozesses erhalten Hendrik und Sebastian die Gelegenheit, dem Gericht ihren Glauben zu erläutern. Sie tun das beide mit ihren unterschiedlichen sprachlichen Möglichkeiten. In der Urteilsbegründung findet das bezogen auf Sebastian Schauseil folgenden Niederschlag:

»Der Angeklagte formte sich ein eigenes Glaubensmodell zusammen, das er für schlüssig hielt. Der Angeklagte bezeichnete sich dann auch gegenüber seinen Eltern als Satanist, wobei er das in dem Wortsinne verstand, daß er nicht den Christengott als seinen Gott akzeptiert, sondern dessen Gegenspieler ... Er trug schwarze Kleidung, trug Schmuck mit dem auf dem Kopf stehenden Kreuz und beteiligte sich in der Schule und im Haus der Jugend an Diskussionen über Glauben, bei welchen er mit für die Beteiligten erschreckenden Reden auffiel. Durch seine Intelligenz und sprachliche Ausdrucksfähigkeit war er seinen Gesprächspartnern überlegen. Seinen ›Überzeugungen‹ hatten diese nichts entgegenzusetzen. Eine emotionale Betrachtung von Glauben und dessen Sinn ließ er nicht gelten, so daß er nach und nach zu der Überzeugung gelangte, daß nur seine Inhalte von Glauben die richtigen seien, weil diese in den Diskussionen bestanden. Nachdem er sich auch gegenüber seinen Eltern als Satanist bezeichnet hatte, und seine Eltern ihn fragten, was das zu bedeuten habe, beschwichtigte er sie und erklärte, daß nur die Kirche sage, daß alles das, was Satanismus sei, schlecht sei.«

Da seine Eltern keine Christen sind, konnte das, was die Kirche dazu sagt, seinen Eltern auch nichts bedeuten.

Mir ist einmal der Vorwurf gemacht worden, ich würde mit der Art, wie ich über die Vorgänge und ihre Zusammenhänge in Sondershausen berichte, die Täter »dämonisieren«. Mein Anliegen ist eigentlich, die Dinge so darzustellen, wie sie sich dem Hörer der Äußerungen der Satanisten und dem Leser von Texten von ihnen oder über sie, die über jeden Zweifel einer Fehldarstellung erhaben sind, darbieten. Dabei kann ich den Versuchen, aus dem Ganzen eine »Riesen-Verarsche« (Hendrik Möbus) zu machen, nach der alles nur ironisch gemeint ist und wir nur zu dumm sind, das zu verstehen, nicht folgen. Dafür ist die Sache viel zu ernst.

Das ganze »satanistische Getue« soll auf einmal nur Spaß und alles »reine Show« gewesen sein. Damit wird versucht, sich aus der Verantwortung für das Geschehene und seine schlimmen Folgen zu stehlen. Dann sind die schuld, die darauf hereinfallen. Eine alte Masche.

Ich muß gestehen, daß für mich diese Art des Umgangs mit einer Geschichte, die einem Menschen das Leben kostete, schon etwas Dämonisches an sich hat. Mir geht es nicht darum, Menschen zu dämonisieren, sondern das Dämonische in ihrem Denken und Handeln zu benennen.

XI.

Nun sind sie alle drei im Erfurter Strafvollzug.

Von Hendrik Möbus kommen aus der Haft Briefe an Freunde und Freundinnen mit satanistischen Passagen. Er unterschreibt auch mit dem Satansnamen Jarl Flagg. Ein Pentagramm und die Zahl 666 zieren den Platz hinter seinem Namen.

Eine Absage an den Satanismus ist bei keinem der drei Täter feststellbar. Auch Sebastian hat aus dem Gefängnis noch von »seinem Glauben« geschrieben und damit den Satanismus gemeint. Allerdings ist er regelmäßig im Gespräch mit dem Gefängnisseelsorger.

Und von Andreas existiert ein Brief aus dem Gefängnis, wo er von Sandros Tod als einem bedauerlichen Unfall schreibt und einen wilden Haß gegen die Kirche und ihre Pfarrer, »den heuchlerischen schwarzen Gestalten«, gegen den Staat und gegen die Juden abläßt. Er schreibt: »Und nur weil ich die Lügen der Kirche, sowie der weltlichen Machthaber nicht anerkenne, werde ich als Spinner und als Erfüllungsgehilfe des Satans abgestempelt.« (v. Billerbeck und Nordhausen, *Satanskinder*, S. 324)

Am 13. März 1995 habe ich zusammen mit der Bundestagsabgeordneten Vera Lengsfeld aus Sondershausen die Justizvollzugsanstalt Erfurt besucht. Wir wollten uns über die Haftbedingungen ganz allgemein und besonders auch über die der drei Jugendlichen aus Sondershausen informieren.

Es war ein Besuch mit Schwierigkeiten und in einer eigenanrtigen Atmosphäre.

Dem Gefängnisdirektor Diegel war deutlich anzumerken, daß ihm unser Besuch mißfiel und er eigentlich nicht bereit war, uns die Haftanstalt zu zeigen. Erst eine Intervention von Frau Lengsfeld beim Thüringer Justizministerium ermöglichte uns den Besuch. Ein Vorgang, den Frau Lengsfeld in ihrer Tätigkeit als Bundestagsabgeordnete bei Besuchen in Haftanstalten noch nie erlebte. Und wenn uns nicht ein Abteilungsleiter des Justizministeriums begleitet hätte, wäre uns auch unser Wunsch, einen Einblick in die Haftbedingungen zu bekommen, nicht erfüllt worden.

Der Anlaß des Besuchs von Frau Lengsfeld war vor allem Kritik am laschen Strafvollzug in Erfurt, der in ihrem Bürgerbüro zur Sprache gekommen war.

Wir erfuhren, daß die Sondershäuser Jugendlichen einen gymnasialen Fernunterricht begonnen haben, der ihnen in 20 Monaten nach bestandener Prüfung die Hochschulreife bescheinigt. Das gibt ihnen nach ihrer Entlassung die Möglichkeit, einen qualifizierten Einstieg in ein Berufsleben zu finden.

Was uns dann aber doch sehr verwunderte, war die Schilderung des Gefängnisdirektors über ihre Unterbringung. Der Strafvollzug hat für einige Häftlinge die Möglichkeit der Unterbringung in zwei Wohngemeinschaften mit je neun Häftlingen. Die drei Sondershäuser sind gemeinsam in einer dieser Wohngemeinschaften untergebracht. Der Vorzug dieses Strafvollzugs sind die tagsüber offenen Zellen innerhalb der Wohngemeinschaft und die

Nutzung eines Freizeitraumes. Sie treiben gemeinsam Sport in einer fünfköpfigen Sportgruppe. Und alle drei spielen in einer Band, wo ihnen jederzeit im Keller ein Probenraum zur Verfügung steht und sie wöchentlich zweimal unter Anleitung proben. Das sind ja alles recht ordentliche Haftbedingungen. Damit genießen sie Vorzüge, die anderen Häftlingen noch nicht gewährt werden können, weil das die baulichen Bedingungen in der Haftanstalt noch nicht hergeben.

Das alles haben wir nur von Ferne zur Kenntnis genommen, denn unseren Besuch in ihrer Wohngemeinschaft haben die drei Sondershäuser Jugendlichen ausdrücklich abgelehnt. Auch die Bemühungen des Herrn vom Justizministerium änderten daran nichts. Frau Lengsfeld und ich haben das nicht anders erwartet.

Was uns jedoch bedenklich stimmt, ist die gemeinschaftliche Unterbringung in der gleichen Wohngemeinschaft. Die vom Landgericht Mühlhausen auf Grund der Hintergründe des gemeinschaftlich begangenen Mordes an Sandro Beyer empfohlene getrennte Unterbringung ist von den Strafvollzugsbehörden als nicht notwendig erachtet worden. Das wurde uns vom Gefängnisdirektor bestätigt.

Bei aller Genugtuung über einen erkennbaren humanen Strafvollzug konnten wir diese Entscheidung nicht nachvollziehen.

Wie soll eine Verarbeitung des Geschehenen, Erkenntnis und Bewältigung von Schuld und eine Distanzierung von ihrer satanischen Geisteshaltung unter solchen Voraussetzungen vor sich gehen?

Allzudeutlich sehe ich noch das Auftreten und das Verhalten der Jugendlichen im Gerichtssaal vor mir. Beim Gespräch über die musikalischen Auftritte der Gefängnisband bittet Frau Lengsfeld um die Texte der Lieder, die dabei gesungen werden. Zwei Texte bekommen wir zu sehen. Typische Knastlieder. Beide von Andreas Kirchner. Der Refrain des einen Liedes lautet: »Mein einziges Verbrechen war, anders als andere zu sein.«

Der Gefängnisdirektor fand diesen Text harmlos. Wir waren mit unserer Meinung, daß das doch ein sehr bedenklicher Text in der Einschätzung des geschehenen Verbrechens sei, allein.

Die drei sitzen wegen gemeinschaftlich begangenen Mordes und nicht wegen des »Verbrechens, anders als andere zu sein«. Ist das schon vergessen? »Anders als andere zu sein« ist kein Verbrechen. Wer sagt ihnen das?

Sehr nachdenklich und besorgt haben wir die Justizvollzugsanstalt Erfurt wieder verlassen.

Als ich wieder zu Hause war, fand ich in der Post einen Zeitungsausschnitt aus der *Nordhäuser Zeitung/Harzkurier* vom 21. 2. 1995. Es war ein Leserbrief von Dr. Walter Möbus, Vater von Hendrik und Ronald Möbus. Darin schreibt er:

»Es wird behauptet, daß die an dem bedauernswerten Tod des Schülers Sandro Beyer aus Sondershausen beteiligten Jugendlichen ›jahrelang . . . auf dem Sondershäuser Friedhof schwarze Messen (feierten)‹ sowie ihre ›Zimmer mit Pentagrammen (schmückten)‹. Tatsache ist jedoch, daß keine dieser Formulierungen der Wahrheit entspricht, sondern durch . . . unbewiesene Gerüchte wiedergegeben werden. Im Gegensatz dazu wurde bereits mehrmals auch von den ihre Strafe verbüßenden Jugendlichen versichert, daß sie ›nie an einer schwarzen Messe teilgenommen und niemals ein Tier geopfert‹ haben. Auch Erklärungen, daß man ›zu keinem Zeitpunkt ein bekennender Satanist war und sich auch niemals gegenüber anderen Personen äußerte, daß man ein Satanist sei‹, werden ignoriert.«

Das ist der bisherige Höhepunkt der Verdrängung dessen, was über »die an dem bedauernwerten Tod . . . beteiligten Jugendlichen« und ihren Satanismus vor dem Landgericht und darüber hinaus öffentlich bekanntgeworden ist. Nach dieser Sicht waren die Jugendlichen nur noch am Tod von Sandro beteiligt.

In einem Jahr werden wir vielleicht in einem Leserbrief

von »dem bedauernswerten Selbstmord von Sandro Beyer« lesen.

Nach dem Besuch in der Justizvollzugsanstalt in Erfurt und diesem Leserbrief wundert mich gar nichts mehr.

XII.

Aber auch außerhalb der Gefängnismauern geht der Spuk weiter. Im Juli 1993 wird in der Musikzeitschrift *Rock Hard* in der Rubrik »Leserbriefe« die Zuschrift eines Lesers abgedruckt, der sich über die negative Beurteilung der Black Metal Musik in dieser Zeitung erregt:

». . . Auf Grund mangelnder Sachkenntnis seid ihr nicht in der Lage, die Ernsthaftigkeit einer Black Metal Band bzw. deren Texte zu hinterfragen. Statt dessen wird in lachhafter Weise versucht, diese Bands zu faschistoiden Buhmännchen zu machen.

Aber solange ihr Gewalt nicht als probates Mittel zur Problemlösung akzeptiert, wird euch nichts weiter übrigbleiben, als weinend die Ermordung von Metal-Fans zu beklagen, anstatt zurückzuschlagen . . .

Mögen eure Seelen im Himmel verfaulen!

Ronald Hellsturm Möbus, Sondershausen«

Im gleichen Monat erscheint in der Doppelnummer Juli/August 1993 des Musikmagazins *Zillo* folgende Anzeige:

»Seid gegrüßt, Ihr in Luzifers Geist Geeinten! Gedenkt meiner Brüder von *Absurd* Flagg, Doom & Daniels! Ihre mutige Tat ist ein Fanal, eine Fackel ins morsche Kirchengebälk. Und Dir, der Du Dich ›jüdischer Gruftie‹, ›kabbalistisch-katholischer Friedhofsgänger‹ nennst, sei gesagt: Deine Schmähworte gegen meine Brüder sind nichts als Staub auf dem Kothaufen unter dem Kreuze des Bastards I.N.R.I.

Begegne mir, und ich werde Dir zeigen, wie vergänglich Deine nichtige Existenz ist.

Ich grüße Allied.

Heil *Absurd*, heil Satan! Hellsturm«

Ein Vierteljahr nach dem Tod von Sandro bezeichnet der dreiundzwanzigjährige Jurastudent Ronald Möbus den Mord seines Bruders an einem unschuldigen Jugendlichen als »mutige Tat«, ein »Fanal, eine Fackel ins morsche Kirchengebälk«. »Hellsturm« ist sein Satansname.

Man kann nur hoffen, daß er niemals die Möglichkeit bekommt, als Jurist in unserem Rechtswesen tätig zu werden.

Als der Prozeß gegen die drei Satanisten im Januar 1994 eröffnet wird, sorgen einige anonyme Briefe in den ersten Prozeßtagen für Aufregung. Sie enthalten mit Bibelsprüchen und englischen Songtexten ausgestaltete finstere Todesdrohungen gegen Peter Beyer und einen anderen Zeugen, die mit ihren wahrheitsgetreuen Aussagen im Prozeß die Angeklagten schwer belastet haben. Die Briefe sind in Gera zur Post gegeben worden.

Der Prozeß beginnt am Montag, dem 10. Januar 1994, in Mühlhausen. Am Tag davor, dem ersten Sonntag nach Epiphanias, habe ich in der Predigt auf das ganze Geschehen Bezug genommen. Den Wochenspruch, der über der ersten Prozeßwoche stand, habe ich als Predigttext gewählt: »Denn welche der Geist Gottes treibt, die sind Gottes Kinder« (Römer 8,14).

Es ist also entscheidend, wessen Geistes Kinder wir sind.

Welche der Geist Satans treibt, die sind Satans Kinder.

Die Geisteshaltung ist ausschlaggebend.

Nicht Heilung – sondern Zerstörung, nicht Liebe – sondern Haß, nicht Versöhnung – sondern Gewalt, nicht Leben – sondern Tod. Das sind die Kennzeichen des Geistes Satans. Wir sehen mit Erschütterung, wie auch dieser Geist von Menschen Besitz ergreifen kann.

Meine Schlußworte in der Predigt waren:

»Welche der Geist Gottes treibt, die sind Gottes Kinder. Das heißt in den Tagen, die vor uns liegen, aller Verharmlosung und Beschwichtigung in den Weg zu treten. Der Satanismus ist keine verstaubte Argumentationshilfe aus der Schublade ›Finsteres Mittelalter‹, mit der ›fanatische Pfaffen‹ ihren wankelmütigen Schäfchen kräftig einheizen und Angst machen wollen. Der Satanismus ist eine gefährliche Realität. Wenn andere das so nicht sehen können – wir wissen es besser und müssen davon reden und davor warnen.

Denn welche der Geist Gottes treibt, die sind Gottes Kinder!

Komm, Gott, Heiliger Geist, erfülle die Herzen deiner Gläubigen! Amen.«

4. Kapitel:

Verstärker

I.

Der Satanismus ist nicht einfach nur eine Ideologie, die ihren Niederschlag in einem mehr oder weniger ausgeprägten Geheimkult, in unterschiedlichen Strukturen, in Geheimorden, in Lehr- und Gesetzbüchern gefunden hat.

Es hat sich in den letzten 30 Jahren eine satanistische Subkultur vor allem in den USA und in England entwikkelt und über die ganze Welt verbreitet. Als clevere Geschäftsleute entdeckt haben, daß ein Markt dafür vorhanden ist und und sich damit Geld verdienen läßt, ist so manches nicht aus satanistischer Überzeugung auf den Markt gekommen, sondern um die Auflagen zu erhöhen, den Umsatz zu steigern und Geld zu verdienen.

Diese Subkultur umfaßt vor allem die Bereiche Büchermarkt, Video- und Filmmarkt und die Musikszene mit bestimmten Bands, ihren CDs, MCs und LPs. Mit satanistischem Image lassen sich gute Geschäfte machen.

Dieser Versuchung erliegen im harten Existenzkampf gerade auch die Buchhändler, Videotheken, Musikmärkte und Veranstaltungsagenturen der Metropolen und in der Provinz. Man identifiziert sich zwar oft nicht mit den Inhalten, der Gewalt, dem Horror, der Perversion, dem Haß und der Anleitung und Aufforderung zur Gewalt. Aber man möchte auch nicht auf den Gewinn verzichten.

Die Verantwortung für eine zunehmende Gewaltbereitschaft in allen Bereichen, die nachweisbar ihre Ursachen in der Verstärkerfunktion der Medien hat, wird jedoch von den Schreibern, Machern, Produzenten, Vertreibern und Händlern abgelehnt. Verantwortlich sind die Käufer, Leser, Seher und Hörer selbst.

Was für eine absurde Einstellung.

Verstärker sind Geräte in der Elektrotechnik und Elektroakustik, die ein aufgenommenes oder eingegebenes schwaches Signal verstärken oder vergrößern.

Genau diese Wirkung erzielen Bücher, Videos und Musik. Über diese Medien werden auch satanistisches Gedankengut, Bilder und Phantasien so zubereitet transportiert, daß sie auf intellektuellem, visuellem, akustischem und emotionalem Weg einen Menschen nahezu ganzheitlich erreichen. Sie wirken wie Verstärker.

Das gilt übrigens nicht allein für die schwarze oder braune Kultur. Dieselbe verstärkende Wirkung ist möglich und feststellbar bei allen Spielarten menschlicher Kultur. Es sind gewaltige Erziehungsfaktoren. Das eingegebene Signal, die zugrundeliegende Botschaft ist ausschlaggebend. Sie wird verstärkt. Und dort liegen die Gefahren.

Die Entwicklungsgeschichte der Sondershäuser Satanisten ist dafür ein anschauliches Beispiel. Nach der Wende im Herbst 1989 kamen die Produkte dieser Kultur auch in die neuen Bundesländer und wurden für jeden zugänglich. Zweifellos hat der ungehinderte Zugang zu allen Erzeugnissen der pseudo-religiösen und okkulten Untergrundszene zu einer beträchtlichen Zunahme von Kenntnissen und Praktiken im Bereich der Sekten und Kulte geführt.

Auch in Sondershausen bekommt die negative Entwicklung der Satanisten ihre Inhalte und ihr Tempo von diesen Medienerzeugnissen. Hendrik Möbus antwortet am Schluß seines Interviews in der Schülerzeitung auf die Frage: »Womit beschäftigt Ihr Euch noch in der Freizeit?«

»Wir versuchen, so wenig Normales wie möglich zu machen. Also, wir schauen recht oft Video, am liebsten Splatter- und Actionfilme, wo die Menschen auf das Grausamste getötet werden. Lesen tut auch jeder, bevorzugter Autor ist Stephen King.

Und am wichtigsten: Wir proben häufig zusammen, da wir sogar eine Band darstellen: *Absurd.*

Wir spielen den härtesten, rauhesten und genialsten Black Metal in ganz Deutschland.

An den Drums: *Randall Flagg*
An der Leadguitar: *Damien Thorn*
Guitar, Vocals: *Mark Dark*

Wer mehr von *Absurd* wissen/hören möchte, besorgt sich entweder für 5,– DM ein Tape von uns oder für 10,– DM ein Live-Video, oder er geht ganz einfach im Wald spazieren, vielleicht hört er uns ja ganz zufällig.«

Mit allen drei Verstärkerkanälen – Literatur, Video und Musik – sind die Jugendlichen in Sondershausen, nach Auskunft von Hendrik, sehr vertraut gewesen.

II.

Sie haben in der Tat allerhand gelesen. Es kursierten eine Menge von Büchern. Vor allem Literatur des Horrors, der Gewalt, des Grusels und der Magie, auch satanistische Literatur. Der Bogen reicht von Aleister Crowley bis Stephen King. Das alles ist in jeder Buchhandlung zu haben.

Doch sie haben auch selber geschrieben. Hendrik hat wohl die Begabung von seiner Mutter. Sie hat über Jahre versucht, ihre Gefühle und Gedanken in Gedichten auszudrücken. Einige davon sind auch veröffentlicht worden. Als Hendrik erkennen läßt, daß er sich schriftlich besser mitteilen kann als mündlich, fährt er eine Zeitlang in einen literarisch-schriftstellerischen Zirkel nach Erfurt.

Was sich dann aber in Form von Erzählungen und Geschichten auf das Papier ergießt, sind wilde Phantasien und grauenvolle Horrorvisionen. Alle, die derartige Texte von Hendrik gelesen haben, sind geschockt von der brutalen Gewalt, die aus ihnen spricht. Der ermittelnde Kriminalbeamte, der die Machwerke lesen mußte, war erschüttert über die Bildersprache und die Gewaltphantasien, die schon im Kopf eines 15jährigen Jugendlichen Platz gefunden hatten.

Sie sind dort nicht hineingeboren worden, sondern sie sind durch die Lektüre von »schwarzer Literatur« hineinprojiziert und durch nachfolgende, sich immer steigernde Anregungen verstärkt worden.

Auch Sebastian hat Erzählungen geschrieben und Liedtexte, in denen er seine schwarzen Gedanken zum Ausdruck brachte. Innerhalb der Gruppe wurden auch reichlich Briefe geschrieben, in denen man sich über Gehörtes, Gesehenes, Gelesenes oder Erlebtes austauschte.

Im Umgang mit geschriebenen Texten waren sie vertraut.

III.

Im Nachlaß von Sandro fand sich eine mehrseitige Liste, auf der eine Vielzahl von Videos angeboten wurden. Es war ein handgeschriebener Katalog lauter indizierter (verbotener) Videos. Sie waren bei Hendrik Möbus zu kaufen oder zu leihen. Die Liste gehörte ihm auch. Mehrfach wurde Sandro angemahnt, die Liste doch endlich wieder zurückzugeben. Hendrik betrieb also für die Gruppe eine Art Videothek. Er war der Verwalter einer »Rumpelkammer« des Grauens.

Bei Hendrik zu Hause fanden dann auch ausgiebige Videositzungen statt. Videos wurden kopiert. Man traf sich nachmittags in der Clique im Zimmer von Hendrik und konsumierte stundenlang Videos. Die Eltern wußten Bescheid. Gelegentlich schaute die Mutter auch mal mit zu. Dann wurden nicht ganz so harte Bänder aufgelegt. Aber sonst wurde der Wunsch nach härteren und grauenvolleren Filmen zunehmend stärker. Es war wie eine Droge.

Dann wird die Idee geboren, selbst ein Horrorvideo zu produzieren. Im Sommer 1992 wird die Idee realisiert. Alle, die zur Clique gehören, spielen mit. Sebastian Schauseil stellt den Oberpriester einer Satanssekte dar, der stirbt und wieder aufersteht. Die Handlung bleibt aber nur Nebensache. Eine Mordszene folgt der andern, alle möglichen Leute werden auf die verschiedensten Weisen umgebracht. Es spritzt Gehirn, Gedärm quillt heraus und es fießt viel

Blut. Als Drehorte dienen das Kriegerdenkmal im Schloßpark, die Rothenburg auf dem Kyffhäuser und andere.

Der Videofilm trägt den Titel »The E.N.D.« (Evil Never Died – Das Böse stirbt nie). Ein zweites Video mit dem Titel »Headhunter« wird nicht mehr fertiggestellt.

Im Prozeß vor dem Landgericht werden auf Antrag der Staatsanwaltschaft die Mordszenen dem Gericht vorgespielt. Der Staatsanwaltschaft liegt daran, den inneren Zusammenhang zwischen den ausgespielten Tötungsphantasien der Satanistengruppe im Video und dem Mord an Sandro aufzuzeigen. Zwischen Video und Realität liegt nur ein Dreivierteljahr. Der zunächst hundertfach in Horrorvideos gesehene und dann zehnfach spielerisch verübte Mord im Eigen-Produktions-Video hat die Hemmschwelle so weit herabgesetzt, daß der eine tatsächliche Mord an Sandro möglich wurde.

In den Schritten Sehen – Üben – Handeln wird hier die Verstärkerrolle des Mediums Video eindrucksvoll deutlich. Die ursprünglich geplante Tötung von Sandro durch Genickbruch, wurde auch aus dem Videofilm »1492« übernommen.

Im Jahre 1993 machte ein Mord an einem dreijährigen Kind in England Schlagzeilen. Zwei zehnjährige Kinder hatten diesen Mord nach einer Videofilmvorlage geplant und ausgeführt.

Die Handlungen und die Bilder von Videos, die Tricks und Effekte erzeugen Stimmungen und Gefühle, Phantasien und Visionen, die über einen längeren Zeitraum tief in das Innere der Betrachter eindringen und im Unterbewußten beginnen, das Denken, Fühlen und Handeln in ihrem Sinne zu verändern.

IV.

Der Satanismus hat seine eigene Musik. Sie findet sich im Bereich des Black Metal und Death Metal. Das sind spezielle Musikrichtungen des »Hardrock«, die dem weiten

Gebiet des »Heavy Metal« zuzuordnen sind, einem besonders harten Musikstil. Hart und oft brutal sind die Texte, hart und brutal, dröhnend und hämmernd wie Metall ist die Musik. Nichts für zartbesaitete Wesen und schwache Nerven.

Ich habe mich einmal in einem »Selbstversuch« dieser Musik ausgeliefert und war schockiert, wie stark das unter die Haut und in den Bauch geht.

In diesen Unterspielarten des »Heavy Metal« kommt es tatsächlich zur Verherrlichung von Satan, Hölle und Tod. Seit 20 Jahren wird diese Musik von zum Teil namhaften Bands über LPs, MCs, CDs und Videos in Umlauf gebracht. Die Texte sind offen oder verschlüsselt satanistisch, die Plattenhüllen und CD-Cover tragen satanistische Symbole.

Oft geben auch schon die Namen der Gruppen Auskunft. Zu den Kultgruppen der siebziger und frühen achtziger Jahre gehörten *Black Sabbath* (Schwarzer Sabbat), *Venom* (Schlangengift, die Gruppe versteht sich als »Lord Satans linke Hand auf Erden«), *Kiss* (Abkürzung von »Knights In Satans Service« – Ritter im Dienste Satans), *Slayer* (Totschläger), *Sodom, Living Death* u.a.

In neuerer Zeit sind es vor allem Gruppen aus Norwegen und aus den USA, die eindeutig satanistische Botschaften in ihre Musik verpacken.

Es ist eine aggressive Musik, die offen Gewalt und Haß verherrlicht. Glen Benton, Bassist, Sänger und Texter der amerikanischen Death Metal Band *Deicide* sagt in einem Interview:

> »Gott zu töten und alles, was heilig ist, Jesus zu kreuzigen! Das ist die Definition von Deicide. Ich bin ein wahrer Satanist. Vor acht Jahren, da war ich vierzehn. Ich habe alles aufgegeben, was man mich gelehrt hat. Ich merkte, daß ich auf diese Weise, mit diesem Glauben, einige Sachen schneller und leichter bekommen konnte, wenn ich es wollte. Was unsere Aufgaben und Rituale angeht, darüber reden wir nicht!«

In letzter Zeit verbindet sich bei den Black Metal Bands mit satanistischem Hintergrund auch faschistisches, rechtsradikales Gedankengut. Ein hochexplosives Gemisch! Skandinavische Gruppen wie *Burzum, Mayhem* (Chaos), *Impaled Nazarene, Immortal* (Unsterblich), die kanadische Band *Blasphemy* (Gotteslästerung), die griechische Gruppe *Rotting Christ* (Verfaulender Christ) und noch viele andere Gruppen haben diese musikalische Horrorszene um noch extremere Akzente »bereichert« und erweitert.

Einige von ihnen erheben den Anspruch, die »wahren Satanisten« zu sein. Als ihren Hauptfeind betrachten diese radikalen Gruppen die »christlichen Idioten«. Seit 1991 hat es in Norwegen 13 Brandanschläge auf Kirchen gegeben, die alle auf Brandstiftung durch Satanisten zurückgehen. Der »Graf« Count Grishnackh, Sänger und Gitarrist der Gruppe *Burzum*, sagte 1993 in einem Interview: »Wir brennen Kirchen ab, um die Wut der Christen zu verstärken. Wir können dann vielleicht Krieg mit ihnen führen.«

Auch in Deutschland existiert eine solch extreme Metal-Szene. Einer ihrer Wortführer ist »Hellsturm«, Ronald Möbus aus Sondershausen, der in seinem Fanzine »Infernus« die norwegischen Verhältnisse preist und faschistisches Gedankengut verherrlicht und verbreitet.

Es ist eine Tatsache, daß die Satanisten in Sondershausen in dieser Musikrichtung lebten und fühlten. Musikkassetten und CDs von Bands des Black Metal und Death Metal, Trash Metal und Speed Metal drehten in der Gruppe die Runde. Poster zierten bald die Wände ihrer Zimmer und T-Shirts mit dem Logo der Gruppen ihre schmächtige Brust.

Wie bei der Literatur und bei den Videos kam auch hier die Zeit, wo sie sich nicht mehr länger nur aus dem CD-Player volldröhnen lassen wollten, sondern das Verlangen spürten, selber zur Gitarre und zu den Schlagzeugstöcken greifen zu müssen und ihren ganzen Frust, ihren Haß und ihre Verachtung gegen Gott und die Welt heraus und in ein Mikrofon zu schreien.

So finden sie sich zusammen und gründen die Band *Absurd.* Sebastian, Hendrik und Udo bilden bald ein schlagkräftiges und lautstarkes Trio. Der erste Probenort ist im Januar 1992 das Haus der Jugend. Kein halbes Jahr später ziehen sie dort wieder aus, weil die Auseinandersetzungen mit dem Umfeld zunehmen. Die Band findet ihr endgültiges Domizil im Bungalow der Familie Möbus, im Wald zwischen Göldner und Totenberg. Dort stören sie niemand, und sie werden nicht gestört.

Um die Band herum formiert sich nach und nach eine kleine Fangemeinde. *Absurd* versteht sich bald nicht mehr nur als Band, sondern als family von Gleichgesinnten. *Absurd* wird Dreh- und Angelpunkt der Gruppe, Drehscheibe auch des satanistischen Geistes- und Gedankengutes. Als »Manager« fungiert Ronald Möbus, damals noch unter dem Satansnamen »Hannibal the Cannibal«.

Am 1. Januar 1993 produzieren sie ihre erste Musikkassette *Death from the forest* (Tod aus dem Wald). Sie wird in der Schülerzeitung und am Schulaushang angeboten und unter Mitschülern verkauft.

Die Gründung der Band und das gemeinsame Musizieren ist ein ganz entscheidender Schritt in der Satanismusszene in Sondershausen gewesen. Über der gemeinsamen musikalischen Arbeit und der Band als Kristallisationspunkt der Gruppe vertieften sich die Beziehungen der Gruppenmitglieder untereinander. Durch das Schreiben eigener Texte und ihre Umsetzung in Musik wurde das satanistische Gedankengut noch weiter verinnerlicht.

Ich vermute, daß die Beschäftigung mit dem Satanismus durch das Medium Musik die nachhaltigste Verstärkung erfahren hat. Hier wird allein durch die Art der Musik auf der emotionalen Ebene unheimlich viel rübergebracht. Das ganze feeling, wie die Jugendlichen sagen, ist so stark, daß Texte zur Nebensache werden.

So stellt Heide-Marie Cammans in ihrem Buch mit Recht fest: »Ich halte diese Black Metal Gruppen für bedenklich, weil sie die satanistische Botschaft durch Stars vermitteln, die als Idole und Vorbilder fungieren, weil diese Musik mit enormer Gewalt auf den Hörer einhämmert und damit gleichzeitig bewußt und über das Unbewußte die Parolen transportiert, weil auf jeden Fall eine eindeutig negative Beeinflussung stattfindet« (Heide-Marie Cammans, *Okkultismus – zwischen Suche und Sucht*, S. 169).

Auf allen drei Feldern der Medienlandschaft waren die Sondershäuser Satanisten zu Hause – in der Literatur, auf dem Videomarkt und in der Musikszene. Da sie auf allen drei Feldern nicht nur konsumiert, sondern auch produziert haben, hat sich im Laufe der Jahre eine ganz natürliche Identifikation mit dem Satanismus ergeben. Hier hat es die entscheidenden Weichenstellungen gegeben, die am Ende zu Sandros Tod führten.

Die sinnliche Wahrnehmung von Haß, Gewalt, perverser Brutalität und Mord über fast alle Sinne und ihre Wiedergabe auf dem gleichen Wege über mindestens zwei Jahre hat zu einer wechselseitigen Verstärkung im Verstand und im Gefühlsleben geführt. Dies erklärt nicht nur, wie es überhaupt zu dieser grauenvollen Tat kommen konnte, sondern auch das coole und reuelose Verhalten der Täter nach der Tat.

V.

Nach dem Mord an Sandro haben die Täter die Leiche aus dem Bungalow, in ein Bettlaken gewickelt, über 300 m weit durch den Wald geschleift. In einem verfallenen Schuppen haben sie ihn in einer dunklen Ecke abgelegt.

Als nach der Tat Andreas Kirchner zur Besinnung kommt und seufzt: »Oh, Scheiße, jetzt habe ich mir gerade das Leben versaut!« wird er von Sebastian Schauseil beruhigt: »Ganz so eng sieh das mal noch nicht, noch ist er ja grad mal erst tot und noch weiß ja keiner was davon. Wenn wir uns nicht gar so blöd anstellen, da findet ihn ja auch niemals jemand. Keine Leiche, kein Mord, also auch kein versautes Leben.«

Und weiter sagt er bei der Vernehmung: »Mit Hendrik habe ich mich darüber unterhalten und wir haben uns dann gegenseitig mehr oder weniger etwas vorgemacht, daß heißt, jeder hatte mehr daran zu knabbern, als ihm selber bewußt werden wollte.«

Noch in der Nacht nach der Tat und den ganzen nächsten Tag sind Beyers auf der Suche nach ihrem Sohn. Keiner, wen immer sie fragen – auch Sebastian Schauseil nicht – verrät etwas über den Verbleib des Jungen.

Am nächsten Tag ist Walpurgisnacht.

Im Bungalow und auf der Wiese davor findet am Abend eine Fete statt. Neun Jugendliche der Clique grillen, es gibt Bier und Wein. Die Zeugin, die im Prozeß aussagt, eine Woche vor der Tat von den Angeklagten die beabsichtigte Tötung erfahren zu haben, ist bei der Fete ebenfalls dabei. Sie gibt vor Gericht zu Protokoll:

»Während der Walpurgisnacht am 30. 4. 94 bin ich ebenfalls auf dem Grundstück der Familie Möbus (Berggarten) gewesen. Während der Feier erzählten sie mir, daß sie ihn umgebracht haben. Hendrik und Sebastian machten mir das Angebot, daß ich mir die Leiche anschauen könnte. Ich habe jedoch abgelehnt.«

Am 1. Mai um 6 Uhr früh verscharren sie dann Sandro in einer Baugrube.

Fünf Tage später werden sie nach mehreren Befragungen und Verhören, bei denen sie hartnäckig leugneten, durch den Hinweis eines Jugendlichen aus der Gruppe als Täter überführt und verhaftet.

5. Kapitel:

Schuld

I.

Man darf die Frage nach der Schuld nicht immer nur stellen, sondern muß auch den Mut haben, sie zu beantworten. Auch wenn es weh tut. Das ist gewiß keine leichte Aufgabe. Es kommt ja immer auch auf den Standpunkt an.

Der erste, der diese Frage stellte, war der katholische Pfarrer von Sondershausen, Winfried Stitz. Am Tage der Beerdigung von Sandro erschien in der »Sondershäuser Allgemeinen«, dem Lokalteil der »Thüringer Allgemeinen«, folgender Beitrag:

Soweit konnte es nur kommen, weil zu viele weggeschaut haben

Gedanken des katholischen Pfarrers Winfried Stitz zum grausamen Verbrechen von drei Jugendlichen an dem 15jährigen Sandro B.

»Euer Herz sei ohne Angst!« – so lautet einer der wesentlichen Sätze, gesprochen von keinem Geringeren als Jesus Christus selbst. Wäre er es nicht, der diesen Satz geprägt hat, würde es sich nicht lohnen, darüber nachzudenken und zu sprechen, denn ohne seinen Hintergrund steht dieser Satz gegen alle unsere menschliche Erfahrung. Ängste sind allgegenwärtig. Jeder hat mit ihnen zu tun und muß mit ihnen umgehen. Die Angst gehört zum menschlichen Leben wie die Wolken zum Himmel. Am weitesten verbreitet ist dabei wohl die allgemeine Angst vor der Zukunft, die sich in der Frage äußert, die allenthalben gestellt wird: »Wie wird, wie soll das alles nur weitergehen?«

Und gerade diese allgemeine Frage wird in den letzten Tagen auf einem sehr konkreten Hintergrund gestellt, einem Geschehen, das mehr oder weniger die ganze Stadt Sondershausen in einem traurigen und bedrückenden Rampenlicht erscheinen läßt.

Nach dem Mord einer Satanistengruppe an einem Schüler hat nun auch Sondershausen seine Unschuld verloren. Der Fanatismus hat ein schlimmes Opfer gefordert und so mancher, der verständnislos auf die Greueltaten in Jugoslawien schaut, muß sich von nun an die Frage gefallen lassen, wie es denn mit fanatisch motivierten Greueltaten in der eigenen Umgebung aussieht.

Die Betroffenheit ist allenthalben spürbar, und wer sie beiseite schiebt und einfach zur Tagesordnung übergeht, macht sich mitschuldig.

Wie konnte das nur geschehen? Was sind die Ursachen dafür? Wer ist schuld? Das sind wohl die Fragen, denen sich jeder stellen muß, denn die Verantwortung für unsere Mitmenschen geht uns alle an.

Aufarbeitung von vergangenem Geschehen gelingt nicht, wenn ich mich selbst aus der Verantwortung ausklinke und die Schuld immer nur bei anderen suche. Beim Fingerzeig auf den anderen weisen immer drei Finger auf mich selbst zurück. Gestatten Sie mir deshalb, zunächst einmal der Frage nachzugehen: Wo liegen die Ursachen für dieses schreckliche Geschehen, das ja am Ende einer mehrjährigen schlimmen Entwicklung steht?

Mit dem Beginn der Pubertät versucht ein Jugendlicher sich von bisherigen Bindungen zu lösen, besonders von den familiären. Er beginnt, seinen eigenen Weg zu suchen und wird verschiedene Gehversuche unternehmen. Darunter sind auch Wege zu finden, die aus der Sicht der Erwachsenen gefährlich sind und in die Sackgasse führen. Hier helfen Verbote wenig, denn das Verbotene reizt um so mehr. Wohl dem Jugendlichen, der in dieser Phase Erwachsene findet, die ihn ernstnehmen, sein Suchen und seine eigenständigen Gehversuche annehmen und ihn gleichsam an einer unsichtbaren langen Leine (wie ein Kleinkind das Laufen lernt) halten. Niemand kommt bei einem Kleinkind, das an einem Laufriemen gehalten wird, auf die Idee, daß die barbarischen Eltern das Kind gefesselt hätten.

Es ist eine Hilfe, die vor dem Schlimmsten bewahren soll. Auf eine ähnliche Hilfe muß ein Jugendlicher vertrauen können. Eine Hilfe durch das begleitende Gespräch, durch im Hintergrund vorhandene liebende Zuwendung und die Bereitschaft der Erwachsenen, ihn dann aufzufangen, wenn er ins Stolpern gerät. Das setzt aber voraus, daß ich seinen Weg beobachte und im Hintergrund begleite. Geschieht das nicht, bereite ich u.U. einer unheilvollen Entwicklung den Boden, unheilvoll für die Jugendlichen – und das ist das Schlimmste daran – egal ob als Täter oder als Opfer.

Zunächst einmal der Blick auf den Jugendlichen, der zum Täter wird: Unglückliche Umstände lassen ihn dann Zugang zu und Umgang mit einer Gruppe finden, die seinem Bedürfnis nach etwas Besonderem entgegenkommt. Er fühlt sich angenommen und zu Hause in einer Gruppe, die ihm Anerkennung verschafft, in der er sich stark fühlt. Darauf setzen die Draht-Zieher, die im Hintergrund agieren, denn in solchen Jugendlichen finden sie Menschen, über die sie Macht ausüben können.

Fehlt es dabei an Intelligenz, dann sind solche Jugendliche meist aufgeschlossen für neonazistische Gruppen. Ist die Intelligenz aber vorhanden, dann wird sie in noch teuflischerer Weise in das verbrecherische Spiel eingebunden.

Das gilt für Satanisten, Scientology mit ihrer Dianetik-Werbung oder wie auch immer die Gruppierungen und modernen Sekten heißen mögen. Durch die Zuwendung und Beschäftigung mit obskuren Inhalten entsteht beim Jugendlichen ein Exklusivitätsbewußtsein, ein Elitedenken, bis hin zu einem messianischen Sendungsbewußtsein. Man ist besser als alle anderen, man kennt die Zusammenhänge von Leben und Welt, alle anderen sind dumm und vegetieren nur dahin.

Aus diesem Grunde umgeben sie sich mit einer Aura des Geheimnisvollen, was wiederum die eigene Exklusivität verstärkt. Die Realität wird den Ideen angepaßt, und das Unheil nimmt seinen Lauf.

Im wahrsten Sinn des Wortes eine verkehrte Welt, eine auf den Kopf gestellte Welt wird zur Grundlage des Handelns. Die logische Folge ist, daß auch Normen und Wertvorstellungen auf den Kopf gestellt werden, man das Böse, den Satan, anbetet und seine Normen für sich bedingungslos übernimmt.

In einem solchen Wertesystem ist dann eine so schreckliche Tat, wie wir sie erlebt haben, eigentlich so etwas wie der Höhepunkt einer Laufbahn. Reue ist zu diesem Zeitpunkt nicht zu erwarten. Der Teufelskreis des Bösen hat sich geschlossen.

Mir legt sich immer mehr der Gedanke nahe, daß dies ein modernes Beispiel für das ist, was die Bibel »Besessenheit« nennt. Besessenheit vom Teufel oder vom Bösen – egal wie man es für sich benennen mag. Die Macht des Teufels oder des Bösen ist hier mit Händen zu greifen.

Nun der Blick auf den Jugendlichen, der zum Opfer wird. Auch hier gilt von seiner beginnenden pubertären Entwicklung dasselbe, mit einem kleinen Unterschied: Er findet keine Gruppe, die ihn annimmt und aufnimmt und ihm das Bewußtsein des Besonderen vermittelt. Im Gegenteil: Er wird ausgegrenzt von den anderen.

Schüler haben mir das in den vergangenen Tagen immer wieder bestätigt. Immer wieder an den Rand gestoßen und ausgegrenzt wird er irgendwann ein Eigenbrödler werden oder mit allen Mitteln versuchen, Zugang zu einer Gruppe zu finden. Diese wiederum erkennt seine Schwäche und wird ihn nicht aufnehmen, oder aber – wie leider hier geschehen – wird ihn ausnutzen, als willkommenes Opfer betrachten und ihn skrupellos ihren Zielen opfern.

Nun zur Frage der Schuld. Es wäre zu billig, wie schon am Anfang gesagt, mit dem Finger auf die Täter zu zeigen und die Schuld zuzuweisen. Drei Finger weisen auf uns selbst zurück. Es sind die drei Finger, die an einer ausgestreckten Hand fehlen, die jeder Mensch auf seinem Lebensweg braucht, im Besonderen jeder Jugendliche, der noch auf der Suche nach seinem Weg ist. Hier sind die Familie, die Verwandten, die Nachbarschaft, die Gemeinde, die Klasse, die Bekannten und Freunde in der Pflicht und in der Verantwortung. Zuwendung statt sich selbst überlassen, Einfühlungsvermögen statt Verurteilung, Interesse statt Gleichgültigkeit, Annahme statt Ausgrenzung, sich selbst in die Pflicht genommen sehen statt es auf andere abzuschieben, das sind die Zauberworte, die helfen können – und zwar bevor das Kind in den Brunnen gefallen ist.

Das gilt gleichermaßen für Täter wie für Opfer. Denn wäre das Opfer, der Ermordete, nicht ausgegrenzt gewesen, wäre er vermutlich nicht auf der Suche nach Annahme in die Fänge dieser Gruppe geraten.

Ich komme einfach nicht umhin, zu sagen: Soweit konnte alles nur kommen, weil zu viele, weil wir weggeschaut haben.

Das läßt sich nur durch Zuwendung, durch Liebe überwinden. Nichts anderes ist der Inhalt der Bibel, nichts anderes hat Jesus Christus vorgelebt. Kein anderes Beispiel hat er uns gegeben. Und durch nichts anderes, als durch Liebe, ist das Böse zu besiegen. Und die Liebe hat viele Ausdrucksformen, aber sie hat nur eine einzige Möglichkeit, in die Wirklichkeit umgesetzt und wirksam zu werden: uns Menschen, einen jeden von uns.

Weil es keinen Menschen gibt, der nur böse und schlecht ist, hat die Liebe auch eine Chance bei jedem Menschen, egal, was passiert ist. Die Möglichkeiten Gottes sind nicht am Ende. Das ist gemeint, wenn Jesus sagt: »Euer Herz sei ohne Angst.«

Und so möchte ich zum Schluß denen, die die Frage stellen: »Gott, wie kannst du das nur zulassen?« mit einer arabischen Geschichte antworten.

Ein arabischer Mystiker erzählt: Auf der Straße traf ich ein kleines Mädchen, zitternd, in einem dünnen Kleid, ohne Hoffnung, etwas Warmes zu essen zu bekommen. Ich wurde zornig und sagte vorwurfsvoll zu Gott: Wie kannst du das zulassen? Warum tust du nichts dagegen? Eine Zeitlang sagte Gott nichts. Aber in der Nacht antwortete er plötzlich und ganz deutlich: Ich habe wohl etwas dagegen getan. Ich habe dich erschaffen!

Soweit die Gedanken des katholischen Pfarrers in Sondershausen.

II.

Nur wenige Tage nach der Verhaftung der Täter äußerten sich in einer Fernsehsendung vier Freundinnen der Inhaftierten zum Mord an Sandro. Sie meinten, daß es nicht richtig ist, die Schuld immer nur bei Sebastian, Hendrik und Andreas zu suchen. Niemand fragt nach der Schuld von Sandro.

Das war schockierend. Mitten in der Zeit größter Erschütterung kurz nach der Tat melden sich schon Stimmen der Entschuldigung zu Wort.

Es sollten nicht die einzigen bleiben. Wer zu den Tätern und zu ihren Familien ein persönliches oder freundschaftliches Verhältnis hatte, hat die Dinge immer ein bißchen anders gesehen.

Ich begebe mich also auf ein schwieriges Terrain. Auch ich habe einen Standort. Er ist an der Seite von Cornelia und Peter, den Eltern, und von Sandro.

Sie haben mich als ihren Pfarrer und Seelsorger in die Pflicht genommen. Dieser Aufgabe habe ich mich in menschlichem Beistand und seelsorgerlicher Beratung gestellt, so gut ich es vermochte. Ihr versuche ich auch mit diesem Buch gerecht zu werden.

Natürlich muß auch nach der Schuld des Opfers, nach der Schuld von Sandro und nach der Schuld seiner Eltern gefragt werden. Das tun die Eltern selbst schon seit dem Tag, an dem sie den Tod von Sandro erfahren haben. Aber alles sollte in der richtigen Reihenfolge geschehen, sonst werden die Gewichte unerlaubt verschoben.

Viele sind schuldig am Tod von Sandro, aber nicht alle in gleichem Maße. Es dürfen nicht alle in einen Topf geworfen werden. Um der Sache willen muß differenziert werden. Nur so können dann auch die richtigen Schlußfolgerungen gezogen werden.

III.

Am bedrückendsten in dieser ganzen schlimmen Geschichte ist, daß es von den Tätern kein klares Eingeständnis der Schuld ohne Wenn und Aber gegeben hat. Sie haben ihre Tat eine Woche lang beharrlich geleugnet und sind erst durch eine Information aus ihrem Freundeskreis verhaftet und überführt worden.

Auch die Wahrheitsfindung im Prozeß hat sehr darunter gelitten, daß die Angeklagten zu keinem eindeutigen Geständnis bereit waren. Im Gefängnis abgefangene Kassiber lassen erkennen, daß es untereinander Verabredungen für eine Unfallversion der Tat gab. Daß die Angeklagten ihre Geständnisse zum Teil widerriefen und die Verteidigung die Korrektheit der Vernehmungen anfocht, kann man als Strategie und Taktik der Anwälte einordnen, die ja dafür bezahlt werden, daß ihre Mandanten so gut wie möglich davonkommen.

Die Klärung der Schuldfrage hat erheblich darunter gelitten, daß die Angeklagten in ihrem Auftreten und in ihren Äußerungen vor Gericht wenig Einsicht in die Schwere ihrer Tat erkennen ließen.

Während der Verhandlung und in den Gerichtspausen ging es manchmal zu, wie auf einem Schulhof. Das Gericht bekam patzige Antworten, es wurde gefeixt und gewitzelt. Auch an Versuchen, das Gericht zu täuschen, hat es nicht gefehlt. Die Schuld am Tod von Sandro war eigentlich klar, gerungen wurde über 10 Tage lang um die Art der Schuld.

Dabei ging es natürlich um das Strafmaß, um die Zahl der Jahre, die die Angeklagten im Gefängnis hinter Gittern verbringen müssen. Und da zählt jedes Jahr, das vermieden werden kann.

Erschreckend war es vor allem für die Eltern des Opfers zu beobachten, daß die Täter wenig Reue zeigten. Das hat selbst das Gericht an mancher Stelle fassungslos gemacht.

Mit Spannung wurde der Tag der Urteilsverkündung erwartet. Die Angeklagten bekamen Gelegenheit, sich abschließend zu ihrer Tat zu äußern. Als erster sprach Andreas Kirchner, ein Mitläufertyp. Vier Wochen nach der Tat hatte er sich in einem Brief an Cornelia Beyer gewendet und sich bei ihr für sein Tun entschuldigt. Wir hofften natürlich darauf, daß er sich im Prozeß alles von der Seele reden und offen, frei und ungeschminkt die Karten auf den Tisch legen würde, um sich damit auch von der seelischen Last, unter der er von den dreien am meisten leidet, durch ein ehrliches und wahrheitsgemäßes Geständnis ein Stück zu befreien. Diese Hoffnung war vergebens. Zu stark stand er unter dem Einfluß der beiden Freunde, die ja in Reichweite saßen. Andreas entschuldigt sich in schlichten Worten, wie schon im Brief, aber die Enttäuschung bleibt. Wir hatten gerade von ihm mehr erwartet.

Hendrik Möbus liest eine Erklärung vor, in der er das Geschehene bedauert und sich dabei einige Male verliest. Sie ist wohl eher ein Werk seines Verteidigers. Die meisten im Gerichtssaal, auch die Richter, empfinden: Der Junge steht nicht dahinter. Als er fertig ist, wendet er sich hinter dem Rücken seines Anwalts Sebastian zu und fragt: Na, wie war ich?

Sebastian Schauseil erhebt sich von seinem Platz. Eine lange Pause entsteht. Gespannte Stille. Dann wendet er sich um und schaut in den Gerichtssaal, der bis auf den letzten Platz gefüllt ist. Auf der einen Seite sitzen wir, das Ehepaar Beyer, die Eltern von Andreas Kirchner und ich. Auf der anderen Seite die Eltern von Hendrik Möbus und Sebastian Schauseil. Dahinter die große Schar der Presseleute. Wird jetzt das bereuende Wort kommen, der Blick zu den Eltern von Sandro und dann ein Eingeständnis von

Schuld, irgendeine Geste in dieser Art? Der Junge konnte doch reden. An Worten und der Fähigkeit, sich auszudrükken, mangelte es bei ihm nicht, im Unterschied zu den beiden anderen. Viele im Gerichtssaal würden das als eine Art Befreiung empfinden.

Sebastian dreht sich um. Und zu seinen Eltern gewendet sagt er, daß ihm sehr leid täte, was er ihnen in den zurückliegenden Monaten angetan hat.

Wir sind wie gelähmt. Was er den Eltern von Sandro angetan hat, die nur wenige Meter neben seinen Eltern sitzen und deren Leid und Verzweiflung ihnen anzusehen war, kein Wort! Was er Sandro angetan hat, dessen Leben er im blühenden Alter von 15 Jahren auslöschte und der das gleiche Recht zum Leben hatte, wie seine Mörder, kein Wort!

Wie tief sitzt doch bei diesen Jungs die seelische Zerstörung, die Verhärtung und Verstockung, die sie hindert, zu erkennen, was sie angerichtet haben. Sandro ist tot. Na und? Wer war denn schon Sandro? Ein Nichts, ein Niemand!

Eine teuflische Überheblichkeit und eine satanische Menschenverachtung spricht aus dem Verhalten der Mörder von Sandro, seit sie ihn umbrachten.

Das ist nicht das normale Verhalten von siebzehnjährigen Jugendlichen. Hier hat der Satanismus ganze Arbeit geleistet.

Seine Urteilsverkündung schließt der Richter Jürgen Schuppner unter dem Eindruck des Erlebten: »Ganz gleich aus welchen Motiven Sie angefangen haben, sich dem Satanismus zuzuwenden – als Sie das getan haben, hat er etwas in Ihnen zerstört, nämlich: die Achtung vor dem Wert des Lebens.«

IV.

Zwei Monate vor dem Prozeß, am 5. November 1993, bekomme ich Post vom Landgericht Mühlhausen. Als ich den Brief öffne, verschlägt es mir die Sprache. Die Anwälte von

Sebastian Schauseil haben einen Antrag auf Erlaß einer einstweiligen Verfügung gegen mich beim Landgericht in Mühlhausen gestellt. In dem Schreiben heißt es:

»Namens und in Vollmacht des Antragstellers (Sebastian Schauseil) beantragen wir – der äußersten Dringlichkeit des Falles halber ohne mündliche Verhandlung und durch Herrn Kammervorsitzenden – im Wege der einstweiligen Verfügung folgendes anzuordnen:

1. Der Antragsgegner hat es bei Vermeidung von Ordnungsgeld bis zu 50.000,- DM, ersatzweise Ordnungshaft bis zu 2 Jahren, zu unterlassen, wörtlich oder sinngemäß folgende Behauptungen aufzustellen und/oder zu verbreiten:

a) Der Antragsteller sei ein Mörder.
b) Der Antragsteller habe ein krankes Hirn und eine zerstörte Seele.
c) Der Antragsteller habe eine geplante und berechnete Mordtat ausgeführt.
d) Der Antragsteller hätte nach der Tat ein eiskaltes und gewissenloses Verhalten an den Tag gelegt. Letzteres Verhalten sei nur erklärbar und verständlich durch den zerstörerischen Einfluß des Satanismus.

2. Der Antragsgegner hat die Kosten des Verfahrens zu tragen.«

Das Landgericht Mühlhausen hat dem Antrag, die einstweilige Verfügung auf dem Schnellwege ohne mündliche Verhandlung anzuordnen, nicht entsprochen und statt dessen eine mündliche Verhandlung anberaumt. So komme ich vor Gericht. Noch vor der Verhandlung gegen die Mörder von Sandro werde ich vor das Landgericht geladen.

Auf den 23. November 1993 wird die Verhandlung angesetzt. Zu diesem Zeitpunkt habe ich aber mit 20 Gemeindegliedern eine Reise nach Israel gebucht. Der Versuch einer Verlegung des Termins scheitert. Meine beiden Anwälte, Dr. Abel aus Schleswig und Dr. Pflichtbeil aus Sondershausen, beruhigen mich und raten mir, getrost nach Israel zu fahren. Sie wollen meine Sache auch ohne mich vertreten.

Als die Verhandlung stattfindet, sind wir gerade am See Genezareth. Den ganzen Tag bin ich mit meinen Gedanken in Mühlhausen. Als wir am Abend in das Hotel in Tiberias kommen, kann ich endlich in Sondershausen anrufen. Der Anwalt hat gute Nachrichten. Der Antrag auf einstweilige Verfügung ist in allen vier Punkten zurückgewiesen worden. Mir fällt ein Stein vom Herzen. Es gibt doch noch Gerechtigkeit.

Auf die vom Gericht dem Antragsteller auferlegte Zahlung meiner Anwaltskosten warte ich heute noch.

Was war der Hintergrund dieses gerichtlichen Zwischenspiels? Es ist der Schlußtext meiner Darstellung des »Satanismus in Sondershausen«, die ich in den Monaten Juli bis Oktober 1993 in 4 Folgen in unserem Kirchgemeinde-Informationsblatt *sankt matthias aktuell* veröffentlicht habe. Meine Beschreibung des Geschehens, die dann ein Vierteljahr später im Mordprozeß in allen wesentlichen Punkten bestätigt und zum Teil noch überboten wird, schließe ich ab:

> »Aber neben der Strafe, die die Mörder verdienen, muß überlegt werden, wie ihre kranken Hirne und zerstörten Seelen geheilt werden. Das gilt für die, die in Haft sind, und für die, die unter uns als ihre Mitläufer und Sympathisanten den satanistischen Gedankengängen weiterhin nahestehen, denn sie sind eine Gefahr für andere und für sich selbst.
>
> Das ist eine dringliche Aufgabe für Eltern und Erzieher, für Seelsorger und Psychologen. Voraussetzung wäre allerdings bei allen die Erkenntnis, daß die geplante und berechnete Ausführung der Mordtat, das eiskalte und gewissenlose Verhalten der Täter an den Tagen nach der Tat, nur erklärbar und verständlich werden durch den zerstörerischen Einfluß des Satanismus.
>
> Von dieser Erkenntnis sind die Satanisten von Sondershausen und ihr Umfeld wohl noch weit entfernt. Es

bleibt uns wirklich nur übrig, die Ermordung von Sandro Beyer weinend zu beklagen und dafür zu sorgen, daß der Satanismus als lebens- und menschenverachtende Weltanschauung mit auf die Anklagebank von Mühlhausen kommt oder aber unter uns als das entlarvt wird, was er wirklich ist.«

Der Satanismus hat dann mit auf der Anklagebank gesessen. Das ist auch dem Gericht nicht entgangen.

Erreicht wurde durch diese Verhandlung gegen mich, daß mich das Gericht von der Teilnahme am Mordprozeß als seelsorgerlicher Beistand des Ehepaares Beyer mit der Begründung ausschloß, ich sei eine Reizperson. Man wollte den Prozeß nicht durch irgendwelche Einlassungen seitens der Verteidigung wegen meiner Person belasten und verzögern lassen.

Ein befreundeter Pfarrer hat dann das Ehepaar Beyer begleitet, und an den letzten drei Tagen durfte auch ich teilnehmen.

V.

Die Sichtweisen in den betroffenen Elternhäusern waren sehr unterschiedlich. Man hätte erwarten können, daß die Eltern der jugendlichen Täter in einem gewissen zeitlichen Abstand der Familie Beyer in irgendeiner Form ihr Bedauern mitteilen.

Es steht außer Frage, daß das eine schwere Aufgabe ist.

Ich kann verstehen, daß man das persönliche Gespräch scheute. Die Eheleute Schauseil und Möbus hatten ja in der Woche nach dem Verschwinden von Sandro empört einen Zusammenhang mit ihren Söhnen zurückgewiesen und den suchenden und nachforschenden Beyers die kalte Schulter gezeigt.

Es wäre für die ganze weitere Entwicklung und die Stimmungsbildung entscheidend und wichtig gewesen, wenn sie wenigstens eine schriftliche Form der Kontaktaufnahme und des ehrlichen Bedauerns gefunden hätten. Aber das ist unterblieben.

Und das ist ganz schlimm.

Wie wird eigentlich in diesen Familien die Schuldfrage gesehen? Es sind doch ihre Söhne gewesen, die noch zu Hause leben und für die sie, da sie erst 17 Jahre alt sind, die volle erzieherische Verantwortung tragen. Müssen sie sich nicht fragen, was sie falsch gemacht und was sie versäumt haben?

Ich weiß, daß das ein ganz schwieriges Thema ist. Ich bin selbst Vater von drei Kindern, die inzwischen erwachsen sind. Und man kann Gott danken, wenn es einem gelingt, sie groß zu ziehen, und sie sich einigermaßen geradlinig entwickelt haben.

Nicht alles, was man sich vornimmt, gelingt. Und manchmal sind andere Einflüsse stärker als die intensivsten erzieherischen Bemühungen. Auch elterliche Liebe stößt dann gelegentlich an ihre Grenzen.

Hier ist ein Verbrechen begangen worden. Ein Junge, der auch Sohn von Eltern ist, ist von ihrem eigenen Sohn umgebracht worden. Das müßte die Eltern zur ehrlichen Frage nach eigener Mitschuld motivieren.

Was wäre, wenn es mein Sohn gewesen wäre, den man umgebracht hat? Das kann sehr schmerzhaft sein, wenn man sich sagen muß, daß man als Eltern versagt hat und mitschuldig ist an dem, was geschehen ist.

Die Eltern können nicht sagen, daß sie von alledem nichts gewußt haben. Sebastian Schauseil hat sein eigenes Zimmer satanistisch ausgestaltet mit einer Art Altar, schwarzer Kerze, Postern und satanistischen Symbolen. Seinen Eltern gegenüber hat er offen satanistische Gedanken geäußert und sich als Satanist bekannt.

Es scheint sicher, daß die Eltern von Sebastian damit nichts anfangen konnten und keine Ahnung hatten, auf was sich ihr Sohn da eingelassen hat. Von Frau Schauseil wird erzählt, daß sie auf den satanistischen Glauben ihres Sohnes angesprochen, geantwortet haben soll: »Die einen glauben an Gott, mein Sohn glaubt eben an den Satan.«

Ich kann mir vorstellen, daß viele andere diese Einstellung teilen. Woher sollen atheistische Eltern den Unterschied zwischen Gott und Satan kennen und wissen, daß es sich nicht um zwei verschiedene philosophische Denkkategorien handelt, sondern zwei Lebensweisen, die sich gegenseitig ausschließen.

Hätten sie aber nicht manchmal stutzig werden müssen, was ihnen über ihren Sohn, über sein gelegentlich auffallend negatives Verhalten, berichtet wurde? Von seinen Freundinnen und Freunden, von seinen Lehrern heißt es, daß ihnen aufgefallen ist, wie sich im Laufe der Zeit das Wesen von Sebastian negativ verändert hat, wie er zunehmend unerträglich, aggressiv und fanatisch geworden ist.

Sollte ihnen das als Eltern, die selbst Lehrer sind, verborgen geblieben sein? Oder haben sie in überschwenglicher Liebe zu ihrem begabten Sohn die Augen vor den Realitäten verschlossen?

Er hat seine Eltern auch getäuscht, indem er ihnen nicht alles erzählt und erklärt hat. Und sie haben sich täuschen lassen, indem er ihnen auch immer wieder als der gute Junge begegnete, der die familiären Normen beachtete.

VI.

Auch in der Familie Möbus konnte den Eltern nicht verborgen bleiben, womit sich der Sohn Hendrik beschäftigte. Die Satanisten trafen sich in ihrer Wohnung, um sich die schlimmen Horrorvideos über viele Stunden anzuschauen. Teilnehmer an diesen Videositzungen bezeugen, daß es wirklich grauenvolle und schockierende Filmstunden waren.

Die Mutter wußte, daß ihr Sohn Erzählungen schrieb, in denen es um Gewalt und um Tötung von Menschen ging. Sie hielt es für akzeptable Literatur, denn bekannte Schriftsteller hätten am Anfang ihres Schaffens ebenfalls solche Texte geschrieben. Im übrigen ist sie wohl stolz, daß Hendrik in seiner literarischen Begabung ihr folgt.

Als die Satanisten im Sommer 1992 ein satanistisches Horrorvideo produzieren, hat sich die Mutter als Fahrerin zur Verfügung gestellt, um die Gruppe zu den Drehorten zu chauffieren. Sie wußte also davon, daß es sich bei dem Video um ein blutiges Gemetzel und das Abschlachten von Menschen in Folge und drastischer Darstellung handelt.

Vielen Fernsehzuschauern verschlug es die Sprache, als Frau Möbus in einer Sendung, auf dieses Video angesprochen, vor einem Millionenpublikum erklärte, daß sie es bedauert habe, daß für sie in dem Video keine Rolle vorgesehen war. Sie fand das alles so harmlos, daß sie gern mitgespielt hätte.

Zu erzieherischen Maßnahmen sah sie keine Veranlassung. Sie beurteilte das gesamte Verhalten ihres Sohnes positiv. Von allen Satanisten war Hendrik der äußerlich auffälligste Typ. Er trug eine Punkfrisur, dazu schwarze Kleidung, Schnürstiefel mit Ketten. Nach ihrer Meinung waren die Freizeitinteressen ihres Sohnes kreativ und unterstützenswert. Lenkend hätte sie nur eingegriffen, wenn ihr Sohn seine Zeit ohne irgendwelche Interessen vergeudet hätte, erklärte sie vor Gericht.

Auch nach der Tat ihres Sohnes, hält sie das selbst gedrehte Video mit den Tötungsszenen für kreativ und ein Mittel für ihren Sohn, Aggressionen abzubauen. Wie sehr kann sich eine Mutter verrennen, wenn sie nicht zugeben will, was mit Händen zu greifen ist: Hier ist ein Erziehungsweg gescheitert. Hinzu kommt, daß auch der älteste Sohn Ronald, ein Jurastudent in Leipzig, überzeugter Satanist ist und wahrscheinlich noch tiefer verstrickt ist als Hendrik. Er gehörte mit zur Gruppe in Sondershausen.

Es ist eine schreckliche Situation für die Eltern, vor allem für die Mutter.

Der Vater hat, als Landtagsabgeordneter häufig abwesend, die Erziehungsaufgabe wohl allein seiner Frau überlassen. Aber so darf man sich doch der Mitschuld nicht verschließen. Es ist nicht alles richtig gemacht worden. Es ist unterschätzt worden, was Psychologen und Pädagogen seit Jahren über die Gefahren des Konsums von Gewalt und Brutalität, von Mord und Totschlag im Fernsehen und über Videos eindringlich warnend sagen.

Es ist unterschätzt worden, wie das maßlose und unkontrollierte Konsumieren dieser Horrorvideos Phantasien entwickelt und unterbewußt zu Wesens- und Verhaltensveränderungen führt. Beide Eltern hätten das bei ihrem Bildungsstand wissen müssen.

Schließlich haben sie noch ihren Bungalow der Band *Absurd* für ihre Proben zur Verfügung gestellt. Daß die Musikgruppe sich fast ausschließlich brutaler und blutrünstiger Texte bediente, wußten sie auch. Das hinderte sie nicht daran, das zu dulden, denn die Musik der Rolling Stones wäre auch zunächst abgelehnt worden und jetzt gehöre sie zu den etablierten Musikrichtungen. Hendrik erfuhr also weder eine Infragestellung seines Tuns, noch sind der Mutter Zweifel an der Richtigkeit ihrer Erziehung gekommen.

Am Ende des Prozesses, ihr Sohn Hendrik ist gerade wegen Mordes zu 8 Jahren Jugendhaft verurteilt worden, geht Frau Möbus zu ihrem Sohn und sagt zu ihm: »Hendrik, für uns bist du kein Mörder.«

Wie weit darf Verdrängung eigentlich gehen?

Wenn sie zu ihrem Sohn gesagt hätte: »Für uns bleibst du unser Sohn. Wir stehen zu dir und helfen dir trotz allem, was geschehen ist. Das sollst du gerade jetzt wissen«, das wäre wichtig und richtig gewesen. Das aber muß die sehr schmerzliche Erkenntnis einschließen, daß ihr Sohn ein Mörder ist.

Wie soll eigentlich der Sohn Hendrik seine Schuld jemals erkennen und verarbeiten, wenn seine Eltern sie auch nicht sehen? Das Opfer heißt Sandro Beyer und nicht Hendrik Möbus!

VII.

Ganz anders stellt sich die Situation bei den Eltern von Andreas Kirchner dar. Die Aussage von Frau Franz, der Mutter von Andreas, in der Gerichtsverhandlung war beeindruckend und bewegend.

Sie schilderte innerlich aufgewühlt, wie ihr Sohn ihr durch die Freundschaft mit Hendrik entglitt und sie besorgt und hilflos mit ansehen mußte, wie sich ihr Sohn in seinem Wesen und in seinem Verhalten nachhaltig negativ veränderte. Er trug schwarze T-Shirts, ließ sich die Haare scheren und kam oft betrunken nach Hause.

In ihrer Ratlosigkeit sucht sie Unterstützung bei Frau Möbus. Sie besucht sie und teilt ihr die Sorgen mit, die sie sich wegen der Veränderungen macht, die sie bei Andreas feststellt. Frau Möbus kann ihre Sorgen nicht teilen.

Daraufhin macht sie sich auf den Weg in die Schule. Sie spricht den Klassenlehrer auf ihre Sorgen an und schlägt einen Wechsel ihres Sohnes in ein Internat in der Nähe vor. Sie möchte ihren Sohn aus dem negativen Einfluß dieser Gruppe herauslösen. Der Lehrer sieht seinerseits keinen Handlungsbedarf, weil Freizeitgestaltung, auch wenn sie so nicht akzeptiert werden kann, nicht Sache der Schule ist und von ihr auch nicht korrigiert werden kann. So blieb diese Mutter mit ihren großen Sorgen allein.

Das hat alle, die im Gerichtssaal diese Schilderung einer verzweifelten Mutter hörten, tief erschüttert. Auch Cornelia Beyer, die Frau Franz bisher nicht kannte. Als das Gericht in eine Pause eintrat, ist Frau Beyer auf Frau Franz zugegangen. Am Rande der Verhandlung haben sich beide Frauen unter Tränen ausgesprochen. Für Frau Franz war es wie eine Befreiung, daß Cornelia Beyer sie angesprochen hat. Sie selbst hat diesen Schritt nicht fertiggebracht wegen der Schuld ihres Sohnes und der Scham.

Als mir Cornelia Beyer am Abend dieses Tages von ihrem Gespräch mit der Mutter von Andreas berichtet, kann ich das vor Freude kaum fassen. Was für ein Lichtblick in diesem schauerlichen Drama, das da täglich vor dem Landgericht in Mühlhausen über die Bühne ging.

Ich habe Cornelia bewundert, daß sie das geschafft hat, auf die Mutter eines der Mörder ihres Sohnes zuzugehen und von Mutter zu Mutter mit ihr zu reden. Es war die Art der Aussage dieser Frau gewesen.

Sie hatte nichts verdrängt und war in ihrer Verzweiflung und ihrem Schuldempfinden glaubwürdig.

Am Tag der Urteilsverkündung wollte Frau Franz nicht nach Mühlhausen, weil sie fürchtete, das nicht durchzustehen. Wir erfuhren das von einer Journalistin. Da fuhr Cornelia Beyer zu ihr in die Wohnung und machte ihr deutlich, daß sie das ihrem Sohn nicht antun könne, am Tag der Urteilsverkündung nicht im Gerichtssaal zu sein.

So fuhren das Ehepaar Beyer und die Eltern von Andreas gemeinsam zum Landgericht nach Mühlhausen. Und weil sie sich nicht zu den Eltern der beiden anderen Mitangeklagten setzen wollten, saßen sie dann neben uns im Gerichtssaal. Als alles vorbei war, fuhren sie wieder mit uns nach Sondershausen zurück.

Daß so etwas auch möglich ist, hat mich und alle, die es miterlebten, glücklich gemacht. Gott aber habe ich dafür gedankt, daß in dieser Atmosphäre von Haß und Feindschaft, von Unwahrhaftigkeit und Verdrängung im Gerichtssaal wenigstens diese beiden Mütter miteinander sprechen konnten.

VIII.

Der Sommer des Jahres 1992 geht zu Ende. Die Schule hat wieder begonnen. Sandro geht jetzt in die 9. Klasse des Prof.-Irmisch-Gymnasiums. Die Begeisterung für die Schule hält sich in Grenzen. Sandro trifft sich oft nachmittags mit seinen Kumpels und dann machen sie sich am Computer zu schaffen, hören Metal-Musik so laut, daß die Mutter schon einmal die Tür aufreißt und um Mäßigung bittet, denn die Teller im Küchenschrank nebenan klirren.

Eines Tages kommt Sandro mit einem schwarzen Halstuch nach Hause. Er hat es von einer Freundin geschenkt bekommen. Als die Eltern sich das Halstuch näher betrachten, sehen sie, daß es mit lauter weißen Pentagrammen geschmückt ist.

Das gibt Diskussionen. Der Vater stellt fest, daß sein Sohn gar keine rechte Vorstellung hat, welche Bedeutung das Symbol hat. Das Halstuch hat seinen Wert in sich. Es ist ein Geschenk der Freundin.

Doch die Eltern suchen immer wieder das Gespräch und erklären ihrem Sohn, daß es ein satanistisches Symbol ist. Zeichen einer Geisteshaltung, die sich aggressiv gegen den christlichen Glauben und die Kirche richtet.

Bei diesen Gesprächen läßt Sandro erkennen, daß auch er die Kirche ablehnt und eine christliche Glaubenseinstellung nicht nachvollziehen kann. Das tut den Eltern weh. Seit vielen Jahren haben sie engen Kontakt zur Kirche und der ist ihnen wichtig. Sie haben auf ihre Kinder keinen Druck ausgeübt und sie in Glaubensfragen zu nichts gezwungen. Allerdings ist die Familie immer mit dabei gewesen, wenn der Posaunenchor mit Vater Peter und dem jüngeren Bruder Christian als Bläser in der Kirche geblasen hat. Seine negative Einstellung zur Kirche konnte Sandro im Gespräch mit seinen Eltern auch nicht begründen.

Die Eltern beobachten, wie Sandro übt, das Pentagramm nachzuzeichnen. Der fünfzackige Stern findet sich bald auf vielen Zetteln. Sogar seinen Namen verziert Sandro jetzt mit einem umgedrehten Kreuz und in das »o« am Ende seines Namens gestaltet er das Pentagramm.

Eines Tages trägt er am Arm ein Armband mit Nieten. Wieder Diskussionen der Eltern. Das Lederarmband mit Nieten signalisiert ihnen Bereitschaft zur Gewalt.

Viele Eltern wissen, wie unerfreulich solche Diskussionen mit ihren Kindern in der Pubertät sein können. Auch im Hause Beyer sind sie das, aber die Eltern lassen nicht nach. Sandro reagiert aggressiv gegen seine Eltern und auch in der Schule gegenüber den Lehrern. Er findet seine Eltern spießig.

»Wer sich mit Bösem beschäftigt, der zieht das Böse an!« ist ein Satz, den Peter Beyer seinem Sohn immer wieder vorhält.

Von einem Freund aus dem Posaunenchor bekommt Sandro Musikkassetten mit Black Metal Musik, die er den lieben langen Tag in sich hineindröhnen läßt. Da sie von einem Freund aus dem Posaunenchor kommen, haben Beyers keinen Argwohn. Sie finden alles nur unerträglich laut und brutal. Aber das scheint eben der Geschmack der Jugend zu sein, und Musik ist eben immer Geschmacksache. So mühen sich die Eltern auch um Toleranz.

Dann lernen Beyers die Freundin von Sandro kennen. Sie kommt total in Schwarz. Sie trägt ein schwarzes Kleid, schwarze Strumpfhose, dazu einen schwarzen Rucksack.

Eines Tages bringt sie für Sandro ein T-Shirt mit, auf dem ein Gerippe zu sehen ist, das aus einer Leiche ein Kind herausholt.

Von ihr bekommt Sandro ein Buch geschenkt: »Der Inquisitor« von Wolfgang Hohlbein. Als Widmung schreibt sie ihm ins Buch:

»Dunkel, vom ewigen Licht zerbrochen
BEFOLGE DIE GEBOTE DEINES HERREN!
Gehorsam wird dir eingebleut
mit dem Schlüssel der Kirche,
genannt: GEWALT
Althergebrachte Lynchjustiz.
Wer Gott nicht verehrt:
UNGLÄUBIGER – steinigt ihn!
HEXE – verbrennt sie!
KETZER – kreuzigt ihn!
Doch eines Tages kommt alles ans Licht.
Freier Glaube, freier Geist,
freies Denken längst verwest!
Die Kirche ist reich, gewaltig,
für Macht über Leichen!

Kein Laut gebührt auf dem Richtplatz
Nur das Knistern
Der brennenden Reisigbündel
Erweckt kalten Schauer
Inmitten der gepeinigte Körper
Bewußtlos am Pfahle hängt
Und langsam verbrennt
Als lebende Fackel
Begeisterung findet und
Langsam verglüht
Geruch warmer Asche über dem Todesmal liegt
Der Gefallene Engel
Schwebt davon!
With Darkest Greeting
Fürstin Deicide VI.

Das »t« von »Fürstin« ist nach unten verlängert und zu einem umgedrehten Kreuz stilisiert. Seine Freundin ist also eine getaufte Satanistin mit dem wohlklingenden Namen einer Höllenfürstin.

Als Sandro anfängt, nach dem Vorbild seiner Freundin, die ihr Zimmer mit schwarzer Tapete und schwarzen Gardinen ausgestattet hat, ebenfalls umzudekorieren, gibt es den nächsten Krach.

An den Wänden bringt er Poster von Metal Bands mit grauenvollen und angsteinflößenden Bildern an. An Decke und Wänden gestaltet er mit schwarzem Zwirn ein Spinnennetz.

Die Eltern schreiten ein und verbieten diese Dekoration, denn Sandro teilt sein Zimmer mit dem sechs Jahre jüngeren Bruder Christian. Der aber beginnt, sich in diesem Zimmer zu fürchten.

Parallel dazu registrieren die Eltern einen krassen Leistungsabfall in der Schule. Jeden Monat werden die Eltern zum Gespräch in die Schule gebeten. Es ist ein aufregender Herbst im Hause Beyer.

Die Stimmung spitzt sich zu und wird gelegentlich unerträglich, als die Eltern feststellen, daß Sandro nachmittags zu Hause Horrorvideos anschaut, während die Eltern noch auf Arbeit sind. Als Christian regelrecht Angst vorm Einschlafen bekommt und die Eltern in die Horrorvideos hineinschauen, untersagen sie Sandro die Benutzung des Videorecorders und verbieten ihm den Umgang mit solchen Videos.

Eines Tages kommt Peter Beyer unerwartet früher von der Arbeit nach Hause. Er ist abgespannt. In der Wohnstube hört er den Fernseher. Als er zur Tür hineinschaut, überrascht er Sandro dabei, wie der sich gerade wieder einen Horrorfilm ansieht. Peter Beyer verliert die Nerven. Er schimpft mit Sandro, daß er sich nicht an die vereinbarten familiären Spielregeln hält. Dann nimmt er das Video aus dem Recorder und zertritt es vor Sandro mit den Füßen. Andere Videos mit Original-Tötungsszenen, darunter der Film *Hellraiser,* werden vom Vater eingezogen. Das Buch zu diesem Film findet sich später im Nachlaß von Sandro: *Das Tor zur Hölle, Hellraiser* von Clive Barker. In das Buch hat Hendrik Möbus, einer seiner späteren Mörder, hineingeschrieben:

»Wie kann man nur so ein Buch kaufen? Der Film ist 10mal besser! Kauf mal die ungeschnittene englische Version von mir, Preis kennste ja. Randall Flagg (Eternal Walker between the time).«

Nach diesem dramatischen Auftritt ist das Verhältnis zu Sandro zunächst sehr gespannt, denn das zerstörte Video war geliehen, und er muß nun für die Aktion seines Vaters seinen Kopf hinhalten.

Im Januar 1993 stellen die Eltern eine Wende zum Guten fest. Sandro wird ruhiger, und er findet über eine Kontaktsuche in der Zeitung einen guten Brieffreund, mit dem er sich über alles, was ihn bewegt, austauschen kann.

Auch das Verhältnis zu den Eltern entspannt sich, vor allem für die Mutter findet er wieder liebevolle und herzliche Töne. Seine Tagebuchnotizen aus dieser Zeit belegen, daß er zu den Satanisten, deren Freundschaft und Nähe er monatelang gesucht hatte, auf Konfrontationskurs gegangen ist. Sebastian Schauseil und seine Clique, die er kurz vorher noch bewundert hat, nimmt er hart ins Gericht. Er kritisiert sie und macht sie lächerlich.

Briefe gehen hin und her und Sandro bekommt erste Drohungen. Sandro ist mit der geistigen Bewältigung des ganzen Gedankengutes, das in den letzten Monaten auf ihn einstürmte, noch nicht fertig. Auch Selbstmordgedanken sind in seinem Kopf. Stundenlang debattiert er mit seiner Freundin. Er arbeitet in einer Tierschutzgruppe mit und entwickelt eine erstaunliche Sensibilität für die Fragen des Tierschutzes. Er ist auf dem Weg zurück und gewinnt immer mehr Abstand.

Die Eltern werden erst wieder unruhig, als Ende März Sebastian Schauseil, Hendrik Möbus und andere bei Beyers vor der Tür stehen und Sandro sprechen wollen. Schwarze T-Shirts, schwarze Jacken, schwarze Haare und schwarze Sonnenbrillen schaffen eine bedrohliche Atmosphäre. Es geht um einen sogenannten »Schimpfebrief«. Peter Beyer schickt sie weg.

Kurze Zeit darauf erscheint bei Beyers die Katechetin von der Trinitatiskirchgemeinde, die besonders im Tierschutz tätig ist, und beschwert sich, daß Sandro in der Stadt das Gerücht verbreiten würde, ihr Kind sei von Sebastian Schauseil und nicht von ihrem Mann. Beyers versprechen, mit Sandro darüber zu reden. Das Gespräch kommt bald auch auf grundsätzliche Dinge zu sprechen.

Sie erklärt, daß diese Gruppe wenigstens keine Tiere mehr opfert, seit sie sich mit Sebastian Schauseil beschäftigt und er sich im Tierschutz engagiert.

Peter Beyer bleibt besorgt. Den Tieropfern würden vielleicht bald Menschenopfer folgen, wendet er ein.

Die Katechetin beruhigt und beschwichtigt abschließend Peter Beyer mit den Worten: »Ich lege meine Hand dafür ins Feuer, daß Sandro nichts passiert.«

Das klang beruhigend. Beyers sind für den ersten Moment erleichtert. Sie haben sich scheinbar unbegründet Sorgen gemacht. Dann kommt der 29. April mit der Ermordung von Sandro, und kurze Zeit später stellt sich heraus, daß auch die Sache mit dem Kind kein Gerücht war. Sebastian Schauseil ist tatsächlich der Vater des Kindes der Katechetin.

Die 26jährige Frau läßt sich kurz vor dem Prozeß aus Liebe zu Sebastian von ihrem Ehemann, der Kantor an der Trinitatiskirche ist, scheiden.

Was haben wir falsch gemacht?

Diese Frage haben sich Beyers immer und immer wieder gestellt.

Im Unterschied zu den anderen Elternhäusern haben sie sich auf eine Auseinandersetzung mit ihrem Sohn und mit seinen neuen Ideen eingelassen. Mehr als die anderen haben sie geahnt, daß vom Satanismus eine Bedrohung, eine Gefahr ausgeht. Diese Sorge war ihr Motiv, immer wieder die Diskussion zu suchen und nicht locker zu lassen. Als gute Worte nicht mehr helfen, müssen Verbote oder eine Videobandzerstörung eine deutliche Sprache sprechen.

Wer kennt nicht die Verzweiflung und Ratlosigkeit von Eltern, wenn aller guter Rat, wenn alle Argumente kein Gehör finden.

Heute machen sich Beyers Vorwürfe, daß sie nicht noch mehr Front gegen satanistische Einflüsse von außen gemacht haben. Das Vertrauen in ihren Sohn, daß seine inneren Abwehrkräfte stark genug sind, sich mit dieser Materie auseinanderzusetzen und die richtige Einstellung dazu zu finden, hat sich bestätigt.

Das hat sie in dem Glauben gehalten, die Sache sei für sie und für ihren Sohn ausgestanden.

IX.

Und Sandro?

Freundinnen der Täter meinten in jener Fernsehsendung, daß endlich auch einmal nach der Schuld von Sandro gefragt werden müsse.

Sie meinen damit sicher, daß Sandro auch selbst an seinem Tod schuld sei, weil er sich schließlich mit diesen Leuten eingelassen habe, ihnen auf die Nerven gegangen sei, sie lächerlich gemacht und angedroht habe, sie zu verraten. Wobei reichlich unklar bleibt, was er denn eigentlich habe verraten können oder wollen. Was davon berechtigt, einen Menschen umzubringen?

Sandro und wir alle mit ihm haben die Gefahr unterschätzt. Er konnte mit seinen fünfzehn Jahren nicht erkennen, welche kriminelle Energie das satanistische Gedankengut in diesen Jugendlichen angespeichert hatte. So ist er ahnungslos in seinen Tod gelaufen.

X.

Und meine Schuld?

Auch ich habe mir diese Frage oft gestellt. Gleich an dem Tag, an dem sich herausstellte, wer die Täter waren und welche Hintergründe eine Rolle spielen.

Mir war seit anderthalb Jahren bekannt, daß es diese Gruppe Satanisten gab. Immer wieder waren Gerüchte und Informationsfetzen über ihr Verhalten und ihr Auftreten auch zu mir gelangt. Wäre es nicht meine Pflicht als Pfarrer gewesen, diesen Dingen nachzugehen und die Auseinandersetzung zu suchen? Es wäre meine Pflicht gewesen!

Das Interview von Hendrik Möbus in der Schülerzeitung habe ich gelesen, als die Ausgabe herauskam, denn ich war damals Religionslehrer an dieser Schule. Ich habe überlegt, was ich machen sollte. Ich habe mir Zurückhaltung auferlegt, weil ich gespannt war, welche Reaktion der Aufruf der Schülerredaktion zur Meinungsäußerung von Schülern erbringen würde. Als ich wenig später bei einem Redaktionsmitglied nach Zuschriften von Schülern frage, erfahre ich, daß es nicht eine einzige Reaktion gegeben hat. Da habe ich mich entschlossen, auch nicht zu reagieren, um das Ganze nicht aufzuwerten und erst durch mich interessant zu machen. Vieles von dem, was ich hörte, habe ich als Wichtigtuerei abgetan.

Hier hatte eine Gruppe ein Elitedenken und eine Verachtung gegen alle Andersdenkenden entwickelt, wo jede sinnvolle geistige Auseinandersetzung unmöglich zu sein schien. Es gibt einige, die diese geistige Auseinandersetzung versucht haben, einige Lehrer, einige Mitarbeiter des Hauses der Jugend. Vergeblich.

Das Überlegenheitsgefühl der Gruppe wurde immer neu genährt. Eine konsequentere Haltung gegen diese Jugendlichen ist behindert worden, weil es Kinder aus angesehenen Familien waren. Viele kannten die Eltern gut, sie waren Kollegen in der Schule, man arbeitete in Partei und Politik mit ihnen zusammen oder war ganz einfach schon viele Jahre gut befreundet.

Die Kinder spielen verrückt. Aber das hat bei diesen Eltern nichts zu bedeuten. Ansehen und Vertrauen waren so groß, daß die Entwicklung der Kinder über jeden Zweifel erhaben war.

Hier stellt sich die Schuldfrage natürlich bei allen, die in der Nähe und im Umfeld der Familien der Jugendlichen Kontakt und Kenntnis von Äußerungen und vom Auftreten der Satanisten hatten.

Keine Kenntnisse über den Satanismus zu haben, entschuldigt nur bedingt.

Auch andere haben mich massiv schuldig gesprochen. Die Mutter von Hendrik Möbus hat im Gerichtssaal bei ihrer Vernehmung ausgesagt, daß die Schuld dafür, daß ihr Sohn Satanist geworden sei, allein Pfarrer Hauskeller trägt. Hendrik wäre bei mir im Konfirmandenunterricht so enttäuscht worden, daß er sich dem Satanismus zugewendet habe.

Auch der Satanist Josef Dvorak hat mir die Schuld am Satanismus in Sondershausen gegeben. Höhnisch hält er mir in der Fernsehsendung »Einspruch« entgegen: »Irgend etwas muß die Kirche falsch machen, wenn sich Satanisten zusammenfinden.«

Nun bin ich ja nicht allein die Kirche in Sondershausen. Aber ich fühle mich schuldig, den Satanismus nicht gut genug gekannt, ihn deshalb nicht ernst genug genommen und die Gefahr unterschätzt zu haben.

Ich hätte mich kundig machen und einmischen müssen. Ich sehe mich schuldig, geschwiegen zu haben, wo ich hätte reden müssen. Um diesen Fehler nicht weiter zu begehen, darum haben Cornelia und Peter Beyer und ich uns zusammengefunden, uns in allen Medien zum Satanismus und wie wir ihn in Sondershausen erlebt haben, zu äußern.

Wir möchten dem sinnlosen Tod von Sandro dadurch einen Sinn geben, daß wir die Hintergründe seines Todes offenlegen, um zu verhindern, daß aus Unkenntnis oder Verharmlosung des Satanismus andere Eltern anderswo am Grabe ihres Kindes stehen müssen und mit ihnen Menschen betroffen und erschrocken sagen: »Hätten wir das nur gewußt!«

Wenn wir mit dem Finger auf jemanden zeigen und ihm die Schuld geben wollen, dann zeigen immer drei Finger auch auf uns zurück, auf unseren Anteil von Schuld, so hatte der katholische Pfarrer in seinem Beitrag geschrieben.

Diesen drei Fingern möchte ich Namen geben, die unsere Schuld benennen:

Unkenntnis – Gleichgültigkeit – Verharmlosung.

6. Kapitel:

Aufgaben

I.

Im Dezember 1994 gibt das Institut für Psychologie der Friedrich-Schiller-Universität Jena eine Presse-Mitteilung zum Forschungsprojekt »Affinität zu Okkultismus und Sekten« heraus. Es sind die »Ersten Ergebnisse einer Schülerbefragung in Thüringen«. Die »Thüringer Allgemeine« berichtet darüber unter der Schlagzeile »Jeder dritte Jugendliche hat Erfahrungen mit dem Okkultismus. Studie der Universität Jena: Keine beunruhigende Welle«.

35,3 % von über 1 360 befragten Schülerinnen und Schülern im Alter von 13-19 Jahren an 9 Gymnasien und 14 Regelschulen haben Erfahrungen mit okkulten Praktiken. Gefragt wurde nach Gläserrücken, Pendeln, Kartenlegen, Geisterschreiben, magischen Beschwörungen und Schwarzen Messen.

Darunter haben 1 % der Befragten, das sind ca. 14 Schüler, angegeben, an der Ausübung Schwarzer Messen teilgenommen zu haben, und 66 % der Befragten, das sind weit über 800 Schüler, haben Kenntnisse von Schwarzen Messen.

Nun sind das nur 1367 befragte Schülerinnen und Schüler in Thüringen gewesen. Diese Ergebnisse müssen auf die Gesamtzahl der Thüringer Schüler an den Gymnasien und Regelschulen hochgerechnet werden.

Die Schülergesamtzahl beträgt nach Auskunft des Kultusministeriums 207 500 Schüler. Das würde bedeuten, daß bei 66 % etwa 137 000 Schüler Kenntnisse über Schwarze Messen und bei 1 % dann 2 075 Schüler Erfahrungen mit Schwarzen Messen haben. Der Kenntnisstand über okkulte Praktiken liegt bei 97 %. Wenn jeder dritte Schüler okkulte Praktiken ausübt, dann sind das immerhin ca. 73 000 Schüler.

Das sind doch gewaltige Zahlen.

Der Institutsdirektor und Projektleiter Prof. Dr. E. R. Straube findet in seiner Studie den Beleg, daß »nach der Wende über Thüringen keine Okkultismus-Welle gerollt ist«, auch wenn 1993 ein Sondershäuser Schüler bei einem Satansritual ums Leben kam, schließt der Pressebericht.

Das könnte man doch nur behaupten, wenn man eine vergleichbare Studie über die Situation vor der Wende hätte. Dieser Vergleich fehlt. Der mit Rheinland-Pfalz vorgenommene Vergleich beweist nur, daß Thüringen mit diesem Bundesland auf gleicher Höhe liegt.

Ich habe schon den Eindruck, daß Kenntnisse und Praktiken im Okkultismusbereich im Vergleich zur Zeit vor der Wende 1989 enorm zugenommen haben. Das werden viele Lehrer und Pfarrer bestätigen können.

Ich kann das beruhigende und beschwichtigende Fazit aus der Statistik nicht nachvollziehen. Man soll solche Fakten in aller Nüchternheit und Sachlichkeit bewerten und jede Hysterie vermeiden. Aber mich machen solche Umfrageergebnisse besorgt. Sie decken sich übrigens mit meinen Erfahrungen, die ich bei meinen Vorträgen in Gymnasien und Regelschulen sammeln konnte.

Die Erfahrungen in okkulten Praktiken, auch mit satanistischem Gedankengut und Ritualen, sind erschreckend hoch. Es bleibt ja immer auch eine Dunkelziffer verschwiegener Kontakte und Erfahrungen.

Die Gefahren, die unseren Jugendlichen durch den Okkultismus, insbesondere durch den Satanismus, drohen, sind ja nicht allein an den Todesopfern zu messen.

Ich glaube, daß gerade das in Sondershausen Geschehene geeignet ist, zu zeigen, wie groß die Schädigungen im psychisch-seelischen Bereich und im zwischenmenschlichen Bereich bei den Personen sind, die in die Sache verwickelt waren. Das ist weder meßbar, noch in einer Statistik zu erfassen.

II.

Am 21. November 1994 war ich von der Evangelischen Erwachsenen-Bildung in Thüringen (EEBT) zu einem Vortrag nach Erfurt eingeladen. Das Thema lautete »Satanismus – Bedrohung oder Betrug«. Etwa 40 Interessenten waren in die Stadtakademie in das Predigerkloster gekommen. Die ganze Thematik bekam während der Diskussion plötzlich noch eine zusätzliche Aktualisierung, als sich unerwartet eine Besucherin zu Wort meldete und unter großer innerer Erregung bekannte, daß sie ein Opfer eines satanistischen Rituals sei.

Als sechsjähriges Kind ist sie im Rahmen einer Schwarzen Messe mißbraucht worden. Seitdem leidet sie unter einem schweren psychischen Trauma. Obwohl sie inzwischen 31 Jahre alt ist, kann sie nachts nur bei Licht schlafen und befindet sich in Behandlung bei einem Psychologen. Ihr Leben ist zerstört.

Sie wollte mit ihrem Geständnis, das erst nach langem inneren Kampf und sehr stockend über die Lippen kam, auf ihre Art auf die Gefahren des Satanismus hinweisen.

Mehrere Telefonanrufe und Besuche von Eltern, Jugendmitarbeitern und Pfarrern aus Thüringen, Sachsen und Sachsen-Anhalt in den letzten Monaten machen deutlich, welche Probleme und Schwierigkeiten vorhanden sind. Dabei reichte die Palette der Erscheinungsformen vom Tragen satanistischer Symbole und schwarzer Kleidung über das Auffinden von bei Ritualen getöteten Tieren und Schwarzen Messen bis zum organisierten harten Satanismus, wo in einer logenähnlich organisierten Gruppe bei Ritualen Kinder geopfert werden.

Es ist eine Tatsache, daß es ein Netzwerk des organisierten Satanismus gibt. In den USA hat der Satanismus einen besonders starken Untergrund. In den zurückliegenden Jahren sind dort besonders zwei Namen weltweit bekannt geworden.

Am 30. April (Walpurgisnacht) 1966 gründete Anton

Szandor La Vey in San Franzisko die »Church of Satan«. Der Gründer war zuvor Dompteur und Privatdetektiv. In Roman Polanskis Film »Rosemary's Baby« spielt er die Rolle des teuflischen Kindeserzeugers (mit Mia Farrow). Der Hollywood-Star Jayne Mansfield gehörte zu den aktivsten Mitarbeitern von La Vey. Großer Einfluß auf die Szene ist von seinem Buch »Satanic Bible« ausgegangen.

Der andere ist Charles Manson, dessen Anhänger, die Manson-Family, in zwei Nächten, am 9. und 10. August 1969 in Los Angeles die im 8. Monat schwangere Ehefrau Polanskis, Sharon Tate, und noch 6 andere Hausgäste und Nachbarn abschlachteten. Der Satanist Manson, der sich sowohl für Jesus als auch für den Satan hält, sitzt im Gefängnis.

Aber auch in Europa hat der Satanismus sein Operationsfeld. England, Holland (größere Ableger der »Church of Satan«), Frankreich (mindestens zwei satanistische Geheimbünde), Schweiz (Zentrum des Geheimordens O.T.O.) und Italien sind dabei besonders zu nennen, aber in jedem anderen europäischen Land gibt es satanistische Gruppen, Orden und Logen. Es gibt Anhaltspunkte dafür, daß sie untereinander vernetzt sind.

In den letzten Jahren ist in Norwegen durch Bands des Black Metal und Death Metal eine gewalttätige Satanistenszene entstanden. 13 Kirchenbrände und 2 Morde in den letzten 3 Jahren gehen auf ihr Konto.

Im Januar 1994 war während des Mordprozesses eine griechische Journalistin von *Antenne 2* aus Athen bei mir. Sie wollte sich über den Sondershäuser Fall informieren. Dabei erzählte sie mir, daß das Weihnachtsfest 1993 in Griechenland überschattet war von der Aufdeckung des Mordes an zwei fünfzehnjährigen Mädchen, die von drei Jugendlichen im Alter zwischen 17 und 19 Jahren im Rahmen eines satanistischen Rituals ermordet und danach vergewaltigt worden waren.

Auch in Deutschland gibt es die organisierte harte Satanismusszene. Am 1. Januar 1995 sendete das WDR-Fernsehen unter dem Titel »Im Namen des Teufels« einen Bericht, in dem Heide-Marie Cammans, Leiterin der Sekten-Info in Essen, erzählte, daß sie einen Satanismus-Aussteiger betreut und begleitet, der an etwa 10 Tötungen teilgenommen hat.

Mir selbst ist glaubwürdig berichtet worden, daß in einer logenartig organisierten Gruppe von Satanisten gelegentlich Kinder geopfert werden. Bei den in der Gruppe geschwängerten Frauen wird im 4. Schwangerschaftsmonat durch eine Infusion ein Abort künstlich eingeleitet. Der so durch die Abtreibung von den Frauen zur Welt gebrachte Fötus (Embryo) wird dann geopfert.

Allen, die mit dieser Materie befaßt sind, weil sie von Menschen in ihrer Not um Information und Beratung angefragt und um Hilfe und Beistand gebeten werden, geht es gleichermaßen. Wenn sie ihre Erfahrungen weitergeben, begegnet ihnen in der Regel Unverständnis und Unglauben.

Wir sehen unsere Aufgabe darin, die Gesellschaft, die Menschen in den Verantwortungsbereichen von Staat und Kirche, die Lehrer und die Schüler an den Schulen und die Eltern zu sensibilisieren, daß sie wahrnehmen, was geschieht, welche Gefahren auch auf diesem Gebiet drohen und etwas dagegen zu tun. Aber was?

III.

Ich möchte einige Ratschläge geben und Vorschläge machen, die mir in den zurückliegenden zwei Jahren mit der persönlichen Betroffenheit im Sondershäuser Fall und darüber hinaus in vielen Gesprächen auch mit anderen wichtig geworden sind.

Es sind keine Patentrezepte und keine Ratschläge, die den Anspruch erheben, der Weisheit letzter Schluß zu sein. Vielleicht sind sie auch nur Anregungen zu noch ganz anderen Möglichkeiten des Handelns, der Beratung und Hilfe. Ich möchte nicht nur sensibilisieren, sondern auch mobilisieren.

Das eine muß auf das andere folgen, wie auch immer.

1. *Den Jugendlichen, den Schülern und Lehrlingen,* möchte ich sagen:

Hände weg und Abstand von allem, was mit Okkultismus und Satanismus zu tun hat!

Dieser radikale Ansatz mag manchem altmodisch und unpädagogisch vorkommen. Aber schon die Einstellung: »Einmal ist keinmal« ist gefährlich. Hier ist schon mancher die Geister, die er rief, nicht mehr losgeworden. Sie unterschätzt die Bedrohung und unterliegt der Gefahr der Verharmlosung.

Okkultismus »zwischen Suche und Sucht« beschreibt das Problem zutreffend. Suche nach der eigenen Identität und nach Autoritäten, Suche nach glaubwürdigen Lebensansichten und Lebensmodellen, prägen die Jugendzeit. Und dabei kann auch das Okkulte, das Verborgene, Geheimnisvolle und Magische Neugier erwecken. Jugendliche müssen wissen, daß hier große Gefahren lauern.

Es kann, wie eine Droge, süchtig machen. Wer meint, auf diesem Feld die große Freiheit für sich, die Befreiung aus allen lästigen Bindungen zu entdecken, wird erfahren (oft zu spät), in welche Abhängigkeiten er sich begeben hat.

»Tue, was Du willst, sei das ganze Gesetz« ist die große Verlockung, aber auch die große Täuschung und Irreführung der Menschen durch den Satanismus. Dieses Prinzip der grenzenlosen Freiheit, nach dem der Wille des Menschen zum Maß aller Dinge erhoben wird, konsequent gelebt: Das ist die Hölle auf Erden.

Das zu entlarven, wäre die wirksamste Bekämpfung des Satanismus.

2. Diese Aufgabe obliegt zuallererst *den Eltern und den Lehrern.*

Es ist wichtig, daß beide Seiten zusammenarbeiten. Das

beginnt bei der Wahrnehmung von Signalen. Wesens- und Verhaltensveränderungen dürfen nicht übersehen oder unterschätzt werden. Hier ist die vertrauensvolle Kontaktaufnahme zwischen Eltern und Lehrern und umgekehrt besonders wichtig. Was der eine wahrnimmt, muß dem anderen nicht auffallen.

Es ist selbstverständlich, daß die Hauptverantwortung bei den Eltern liegt. Aber häufig sind Eltern überfordert und brauchen die Hilfe erfahrener Pädagogen. Hier sehe ich die Hauptursache für die Entwicklung in Sondershausen. Diese Zusammenarbeit hat nicht funktioniert. Aus verschiedenen Gründen. Eltern meinten, mit dem Problem allein fertig zu werden. Die einen sahen überhaupt kein Problem, die anderen unterschätzten es, indem sie es als pubertäres Protestverhalten gegen Eltern, Schule, Kirche und Staat einordneten.

»Das legt sich von alleine wieder, das wächst sich raus«, war ihre Hoffnung. Wo Eltern das Problem gesehen haben und damit nicht zurechtgekommen sind, sind sie allein gelassen worden. Die Lehrer haben aus Respekt vor der vornehmlichen Erziehungsaufgabe der Eltern, wohl auch vor deren Titeln, Funktionen und Berufen, waren einige doch auch Erzieher, eine eindringlichere Einflußnahme unterlassen.

Eltern und Lehrer müssen hier im Gespräch sein und Auffälligkeiten austauschen.

Zu diesen Auffälligkeiten gehören auch Äußerlichkeiten. Schwarze Kleidung, bestimmte Texte und Bilder auf T-Shirts, Pentagramm, umgedrehtes Kreuz, die Zahl 666, Aufnäher an Jacken, Poster an den Wänden der Zimmer, Horror-Videos, CDs und Musikkassetten bestimmter Bands.

Eltern sollten sich ernsthaft für die Hör- und Sehgewohnheiten ihrer Kinder interessieren, gerade, wenn sie brutal und schrecklich laut sind. Die Cover der CDs und Kassetten verraten eine Menge. Englische Texte sollte man sich übersetzen lassen. Auch die Bücher, die gerade gelesen werden, sind oft sehr aufschlußreich.

Die drei verstärkenden Medien – Literatur, Video und Musik – verdienen besondere Beachtung. Über sie erfolgt oft der Einstieg in das satanistische Gedankengut. Falsch verstandene Toleranz oder feiges Wegschauen kann Jugendliche ins Verderben laufen lassen.

Verbote bewirken erfahrungsgemäß nicht viel. Das Gespräch muß gesucht werden, immer wieder von neuem das Gespräch. Dazu gehört das Vertrauen, aber auch unwahrscheinlich viel Geduld und Liebe. Dabei wird möglicherweise viel Zeit investiert werden müssen. Das Gespräch ist wichtig, um überhaupt erst einmal festzustellen, um was es sich eigentlich handelt und wie ernst es ist.

Diese Feststellung, in welchem Stadium zwischen modischem Interesse, bloßer Spielerei mit den Symbolen, Lust an der Provokation, prickelnde Neugier auf Unbekanntes und Unheimliches, innerer Überzeugung und satanistische Praktiken sich der Jugendliche befindet, ist für den weiteren sachgerechten Fortgang der Gespräche von großer Bedeutung. Und ich fürchte, daß es in vielen Fällen die Eltern allein nicht schaffen.

Dann sollten sie sich nicht schämen, die Hilfe anderer in Anspruch zu nehmen. Darin beweisen sie gerade großes Verantwortungsbewußtsein. Die Lehrer als Gesprächspartner sind schon genannt. Zu nennen sind dann auch die Psychologen an den Schulämtern, Jugendmitarbeiter in den Jugendämtern und Pfarrer.

Auch das Gespräch mit anderen Eltern kann weiterhelfen.

Als sich am 29. April 1994 der Todestag von Sandro Beyer jährte, haben wir in Sondershausen als Lehre aus dem Vorgefallenen eine *Sekten-Info*, »Initiative zur Information, Beratung und Hilfe bei Problemen mit Sekten und Psychokulten« gegründet. Hier haben sich Eltern, Lehrer, Jugendmitarbeiter und Pfarrer zusammengefunden, um künftig als Ansprechpartner für Rat- und Hilfesuchende zur Verfügung zu stehen.

Solche Gruppen oder Beratungsstellen gibt es schon in

verschiedenen Städten z.B. unter Sekten-Info oder anderen Bezeichnungen. Wo Eltern sich ernsthaft auf die Suche nach Rat und Hilfe begeben, kann ihnen auch geholfen werden.

3. Unabhängig vom Kontakt der Lehrer zu den Eltern kommt der *Schule* eine eigene Aufgabe zu, die geistige Auseinandersetzung mit dem Okkultismus und dem Satanismus zu suchen und keinen Zweifel an der Gefährlichkeit der lebensverachtenden Ideologie und ihren abscheulichen Praktiken aufkommen zu lassen.

Das ist vor allem Aufgabe der Religions- und Ethiklehrer. Aber auch im Geschichts- und Literaturunterricht, in Sozialkunde und Kunsterziehung könnten solche Themen Gegenstand von Diskussionen sein. Das setzt einen sehr guten Informationsstand des Lehrers, gutes Wissen und eine eigene klare Meinung voraus.

Eine besondere Verantwortung liegt hier bei den Beratungslehrern. In jedem Fall sollte das Schulamt und vor allem der Schulpsychologe informiert und einbezogen werden.

4. Die gleiche Aufmerksamkeit, die bei Eltern und Lehrern gegenüber Auffälligkeiten, die auf religiöse Sondergruppen, Sekten oder Okkultismus hinweisen, notwendig ist, müssen auch die *Mitarbeiter der Jugendarbeit* entwickeln.

In Jugendhäusern und Jugendclubs ist im engen Kontakt mit Jugendlichen nicht nur an Äußerlichkeiten eine Beziehung feststellbar, sondern mehr noch an Sprüchen, an Äußerungen und an Fragen, die in Gesprächen unter Jugendlichen laut werden. Genauso sensibel, wie alle rechtsradikalen Entwicklungen beachtet werden, müssen in der Jugendarbeit auch pseudo-religiöse, magische und okkulte Beziehungen zur Kenntnis genommen und dann Möglichkeiten zur Auseinandersetzung ins Auge gefaßt werden. In intensiven persönlichen Gesprächen ist zuerst zu klären, wie stark die Beziehung schon ist und in welche

Art von Gruppe Jugendliche in diesem Bereich eingebunden sind. Um den Gefahren einer Unterschätzung der Situation und einer Überschätzung eigener Möglichkeiten zu entgehen, sollten sich Jugendmitarbeiter kompetente Ratgeber suchen. Auf jeden Fall ist das Jugendamt und der Träger der Einrichtung mit in die Suche nach Lösungen und Hilfsangeboten einzubeziehen.

Das ist in Sondershausen in der Auseinandersetzung mit den Satanisten begonnen, aber nicht konsequent durchgehalten worden.

Als Kritik wurde in Sondershausen ein angeblich unzureichendes Freizeitangebot für Kinder und Jugendliche vorgebracht. Darin lägen Ursachen und Schuld für die destruktive Entwicklung der Jugendlichen und für den Irrweg in den Satanismus.

Das ist eine Fehleinschätzung, die den Tatsachen nicht gerecht wird. In Sondershausen gibt es ein »Freizeitzentrum« für Kinder und ein »Haus der Jugend«, beide in kommunaler Trägerschaft, deren Mitarbeiter ein breites Angebot von sinnvollen Freizeitbeschäftigungen bereithalten. Es existieren zahlreiche Sportvereine mit Jugendabteilungen in fast allen Sparten. Die Stadt hat eine traditionsreiche Musikschule, an der Kinder und Jugendliche an allen Instrumenten ausgebildet werden. Diese Angebote werden von vielen Kindern und Jugendlichen angenommen und mit Begeisterung und Freude betrieben.

Natürlich könnten es immer noch mehr Angebote sein. In anderen Städten ist vielleicht kein so breites Angebot. Es hat aber keinen Sinn, nur die Vergrößerung der Angebotsliste zu fordern. Ob und welche Jugendlichen die vorhandenen Angebote annehmen und ihre Freizeit sinnvoll gestalten, steht auf einem ganz anderen Blatt. Die Weichen dafür werden aber schon in frühester Kindheit im Elternhaus gestellt.

5. Es sollte selbstverständlich sein, daß die *Kirche* an dieser Stelle ein ganz besonderes Aufgabengebiet erkennt. Wer,

wenn nicht die Kirche, hat in dieser geistigen und geistlichen Auseinandersetzung Wesentliches zu sagen. Die meisten Pfarrer sehen sich an dieser Stelle auch in einer besonderen Verantwortung.

Um im breiten Spektrum der vielen, sich ständig vermehrenden Sekten, Pseudo-Kirchen und Psychokulte sachgerechte Ratschläge und Hilfestellungen geben zu können, ist eine enorme Sachkenntnis Voraussetzung.

Gangbare Wege für ein Herauslösen aus solchen Sekten und Kulten und die gezielte Lebenshilfe für Betroffene können nur bei Detailkenntnis gefunden werden.

Es gleicht der Situation eines Arztes vor einem Krankheitsbild. Man muß den »Teufel« kennen, den man »austreiben« will. Damit sind die meisten Pfarrer überfordert. Oft ist es für sie schon schwierig, das religiöse Erscheinungsbild eines bestimmten Falles überhaupt einordnen zu können.

Ein Pfarrer ist nicht automatisch ein Sektenexperte. Jede Landeskirche hat einen Beauftragten für Sekten und Weltanschauungsfragen. Der kann die konkrete Aufgabe der Betreuung und Begleitung eines Falles vor Ort nicht übernehmen. Das ist nicht zu leisten.

Das Aufgabengebiet wird aber immer größer. Die Okkultismus- und Sektenszene »boomt«, Scientology, Gurus und andere »Seelenfänger« sind auf dem Vormarsch. Hier muß die Kirche endlich eine Strategie entwickeln, um den einzelnen Pfarrer und seine Gemeinde »an der Front« besser für die Auseinandersetzung »auszurüsten«.

Es geht in dieser Auseinandersetzung um Menschen, um Einzelschicksale und oft genug um Tragödien. Hier gilt durchaus das Pauluswort: »Ziehet an die Waffenrüstung Gottes, daß ihr bestehen könnt gegen die listigen Anläufe des Teufels. Denn wir haben nicht mit Fleisch und Blut zu kämpfen, sondern mit Mächtigen und Gewaltigen, nämlich mit den Herren der Welt, die in dieser Finsternis herrschen, mit den bösen Geistern unter dem Himmel.« (Epheser 6,11-12)

Dafür sollte die Kirche mehr tun. Schnellstens sollte für jeden Kirchenkreis unter den Pfarrern einer ganz besonders ausgebildet und geschult als Beratungspfarrer in Sektenfragen beauftragt werden, so wie es schon für Jugendarbeit, Frauenarbeit oder Männerarbeit beauftragte Pfarrer gibt.

Das könnte verhältnismäßig schnell dem Notstand abhelfen. Es muß doch nachdenklich stimmen, wenn Menschen in solchen religiösen und seelischen Notsituationen bei der Kirche keine echte Hilfe finden können.

Das Wichtigste aber wäre, unser Gemeindeleben als christliche Gemeinde so zu gestalten, daß Menschen Geborgenheit und Wärme finden, wo sie als Kinder und Jugendliche so integriert und ernstgenommen, gar nicht auf die Idee kommen, ihr Heil in solchen finsteren Gemeinschaften zu suchen.

Wir müssen uns schon immer auch fragen, was wir falsch machen, daß uns Jugendliche nicht hören oder uns davonlaufen, wo wir doch die Botschaft verwalten, mit der die Jugendlichen ein Leben finden können, das sich zu leben lohnt.

6. Immer wieder wird der Ruf nach dem *Staat* laut, wenn Schicksale bekannt werden, wo Menschen durch Mitgliedschaft in Sekten und Psychokulten physisch und psychisch zerstört worden sind.

Es darf nicht übersehen werden, daß auch diese Gruppierungen den Schutz der Glaubens- und Religionsfreiheit genießen, den der Artikel 4 des Grundgesetzes festschreibt. Auch der Satanismus nimmt diesen Schutz für sich in Anspruch.

Sollte es Verletzungen der Würde des Menschen, ein ebenfalls verbrieftes Grundrecht, geben, dann muß das nachgewiesen werden nach allen Regeln der Rechtsstaatlichkeit. Da muß Beweismaterial vorgelegt, das Opfer, die Täter, die Zeugen beim Namen genannt, kurzum das Vergehen bis ins letzte Detail schlüssig beweisbar dargelegt werden.

Das ist bei den Psychokulten und den Sekten, wo es um materielle Abhängigkeiten geht, sehr schwer. Sie haben in der Regel sehr gute Rechtsanwälte und sind selbst immer schnell dabei, ihre Gegner mit Klagen und Prozessen zu überziehen und damit einzuschüchtern.

Selbst kriminelle Delikte im Satanismus, wie etwa Vergewaltigungen oder Kindestötungen, brauchen Zeugen und Aussagen, die standhalten und beweisbar sind. Das aber ist schwierig. Aussteiger müssen als Verräter den Tod fürchten.

Dennoch muß überlegt werden, wie der Staat und seine Bürger durch Gesetze besser geschützt werden können.

Der Satanist Michael D. Eschner, der zur Zeit eine Haftstrafe wegen Vergewaltigung verbüßt, schreibt in seinem Buch »Netzwerk Thelema«, das über jede Buchhandlung erreichbar ist: »Die heutige Justiz hingegen beruht auf willkürlichen, von Menschen ausgedachten Gesetzen, welche aus diesem Grund nicht Recht, sondern Unrecht sind. Kein Mensch muß sich an diese Gesetze halten, denn sie sind ungültig. Man kann sogar noch weitergehen und sagen, es ist Recht, diese Gesetze im Namen des höheren Rechts zu bekämpfen.« (M.D. Eschner, *Netzwerk Thelema,* S. 63)

Das ist ein klarer Angriff auf die Grundordnung unseres Rechtsstaates und eine Aufforderung zu seiner Zerstörung.

Es gibt reichlich Handlungsbedarf. Die verantwortlichen Politiker und die Fachleute, die sich im Bereich der Sekten und Psychokulte auskennen, müssen sich bald an einen Tisch setzen, um notwendige Gesetzesinitiativen gegen kriminelle Vergehen im Sektenbereich in Gang zu bringen.

Großbritannien ist hier schon etwas weiter. Dort hat es vor Jahren eine Unterhausdebatte über die Bedrohung und die Kriminalität durch den Satanismus gegeben. Seitdem gibt es dort eine Sonderkommission bei Scotland Yard, die derartigen Vergehen nachgeht. Dahin ist in Deutschland noch ein langer Weg.

7. Bis das soweit ist, muß jetzt schon *auf Länderebene* in der Bundesrepublik Deutschland gehandelt werden.

Im Sondershäuser Fall und anderen Fällen, in denen Polizei und Justiz mit Verdachtsmomenten oder kriminellen Delikten aus dem Bereich religiöser Sekten und Kulte konfrontiert wurden, ist in der Regel eine erschreckende Unkenntnis bei den Beamten festzustellen. Das hat oft einen unsensiblen Umgang mit der Materie zur Folge, der die Klärung des Sachverhaltes unmöglich macht.

Betroffene erleben es oft, bei der Anzeige religiös motivierter Bedrohungssituationen oder Straftaten mit nichtssagenden Beschwichtigungen weggeschickt oder ausgelacht zu werden. Nicht selten sind nachlässige und halbherzige Ermittlungen. In Sondershausen sind die Hausdurchsuchungen zur Sicherstellung von Beweismaterial erst eine Woche nach Verhaftung der Täter durchgeführt worden.

Polizisten und Juristen sind in der Regel noch nicht in der Lage, solche Situationen einzuschätzen. Dazu fehlen ihnen die Kenntnisse dieses Bereichs, der zunehmend an krimineller Bedeutung gewinnt. Es ist dringend erforderlich, daß Polizisten und Kriminalbeamte, Richter und Staatsanwälte in speziellen Schulungs- und Fortbildungsprogrammen ausgebildet werden. Die größere Sachkenntnis im Polizei- und Justizapparat ist eine Grundvoraussetzung für eine wirksamere Bekämpfung von Straftaten in diesem Bereich.

In allen Bundesländern gibt es eine Vielzahl von Delikten gegen Sachen und Menschen, die einen religiösen Hintergrund haben. Wir registrieren sie immer nur durch die gelegentlichen Schlagzeilen, die sie machen. Viele Vorgänge und Anzeigen machen keine Schlagzeilen und verbleiben in den Akten einer Polizeidirektion. Das gesamte Material muß auf Landesebene konzentriert und zentral erfaßt werden.

Die Auswertung des Materials sollte regelmäßig im Gespräch zwischen Innenministerium, Polizeipräsidium,

Landeskriminalamt, Generalstaatsanwaltschaft und Bundesverfassungsschutzbehörde des jeweiligen Bundeslandes erfolgen.

Dabei ist immer davon auszugehen, daß es auch eine länderübergreifende und eine internationale Vernetzung religiöser Sekten und Kulte gibt. Die Ergebnisse und Erfahrungen der Bestandsaufnahme religiös motivierter Vorgänge und Straftaten könnten die Grundlage bilden für die Erstellung der Schulungsprogramme für die Polizei- und Justizbeamten im Innen- und Justizministerium des jeweiligen Bundeslandes.

Abschließend möchte ich aber nochmals betonen: Die Auseinandersetzung mit dem Satanismus und allen anderen religiösen Sekten und Kulten, die sich gegen die Freiheit und Würde des Menschen richten, kann nicht nur vom Gesetzgeber und der Polizei geführt werden.

Gesetze, Verbote und Strafen sind die eine Seite. Die abschreckende Wirkung darf niedrig angesetzt werden. Eher erhöhen die Verbote noch den Reiz. Dennoch ist eine gesetzliche Regelung, die die Strafverfolgung bei seelischer und körperlicher Unterdrückung und Abhängigmachung ermöglicht, dringend erforderlich.

Zuerst und vor allem ist der Kampf gegen den Satanismus eine geistige und geistliche Auseinandersetzung, die das Übel an der Wurzel packt. Dazu gehören Seelsorge und Psychotherapie ebenso, wie Sachverstand und ein fester Glaube, der im Vertrauen auf den lebendigen Gott ruht. Hier müssen wir unsere ganze Kraft einsetzen, aufzuklären, Mut zum Einspruch entwickeln und Lebensmodelle praktizieren, in denen geistige Freiheit und Freude am Leben im Zusammenleben mit anderen Menschen erlebbar gemacht werden.

7. Kapitel:

Geborgenheit

I.

Ulrich Meyer, Fernsehproduzent und Moderator bei SAT 1, ließ bei Cornelia Beyer und mir anfragen, ob wir bereit wären, in seine Sendung »Einspruch« zu kommen. Es war der Schlußtag des Prozesses vor dem Landgericht, und wir waren alle ziemlich fertig, denn der Prozeß hat uns psychisch mitgenommen.

Der Termin der Sendung war noch nicht fest. Wir hatten also Bedenkzeit. Ich hatte die Sendung einige Male gesehen. Da ging es immer reichlich zur Sache und auf den Mund gefallen durfte man nicht sein. Zu einem Thema stehen sich zwei Parteien mit gegensätzlichen Ansichten an einer Rampe gegenüber. Es entscheidet bei der Argumentation die kurze und schlagfertige Formulierung. Man muß schnell reagieren können, und das vor 300 Zuschauern in der alten Brauerei in Berlin und vor einem Millionenpublikum vor den Fernsehern in Deutschland.

Nach zwei Tagen haben wir zugesagt. Wir wollen nun auch versuchen, vor dieser Öffentlichkeit auf die Gefahren des Satanismus hinzuweisen. Am Dienstag, den 22. Februar 1994, um 22 Uhr ist es soweit. Die Live-Sendung beginnt jeden Augenblick. Der Start verzögert sich, weil bei einem Hallenfußballspiel in Stuttgart ein Spieler von einer Zuschauerin niedergestochen wurde. Unsere Mitstreiter, die Gebrüder Grandt aus Baden-Württemberg, haben wir eben kennengelernt. Uns ist ganz flau in der Magengegend. Dann die Vorspann-Musik mit Ansage, und wir müssen raus. »Satanskult ist Seelenmord« lautet das Thema der Sendung. Uns gegenüber stehen der Satanologe Josef Dvorak, zwei Musiker einer Death Metal Band, und Akron, ein Magier und Satanist, dem die Tarotkarten gesagt haben, er soll nicht an der Rampe, sondern in der ersten Reihe Platz nehmen und von dort aus das Streitgespräch verfolgen.

Es wird der erwartete harte Schlagabtausch. Dafür sorgt Dvorak mit provozierenden Einsprüchen, die selbst viele Zuschauer an den Fernsehern in Aufregung und Empörung versetzt haben. Hinterher bin ich ganz zufrieden, weil ich denke, daß wir auf etwas aufmerksam gemacht haben, was vielen Menschen unbekannt ist oder unglaublich vorkommt. Impulse zum Nachdenken und zum Gespräch hat die Sendung reichlich geliefert.

Am nächsten Tag, wieder zu Hause, klingelt das Telefon einige Male, und ich werde auf die Sendung angesprochen.

Zwei Anrufe sind ganz wesentlich. Aus Bremen und aus Stuttgart rufen zwei Frauen an, um mir mitzuteilen, daß sie die Sendung »Einspruch« verfolgt haben, Frau Beyer und mir alles Gute wünschen und uns sagen möchten, daß sie uns in ihre Gebete einschließen werden. Jede der Frauen erzählt von ihrem Gebetskreis, und fortan wollen sie uns in ihre Fürbitten aufnehmen.

In Bremen und in Stuttgart beten Menschen für uns. Das war ein ganz hilfreiches und ermutigendes Ergebnis dieser Fernsehsendung. In den zurückliegenden Monaten ist viel gebetet worden. Von uns, den unmittelbar Betroffenen, und von unseren Freunden. Es gab manche Situation, die nur im Gebet zu bewältigen war.

Und da ist die Angst. Wir sind nicht frei von Angst. Drohbriefe sind eingegangen. Je mehr wir über den Satanismus erfahren, je intensiver wir uns mit der Materie beschäftigen, desto deutlicher spüren wir die Bedrohung. Wir ahnen, daß hier Mächte im Spiele sind, die wir als feindlich empfinden.

In diesem Machtkampf hat das Gebet eine ganz wichtige Aufgabe. Indem ich mich versichere, daß der lebendige Gott Herr über Satan und alles Böse ist, mächtiger als alle bösen Mächte zusammen, gewinne ich Gelassenheit und Geborgenheit. Diesem Gott vertraue ich mich im Gebet an und andere übergeben mich durch ihre Gebete dem Schutz Gottes.

Das schafft Geborgenheit in aller Angst und Bedrohung.

Der Apostel Paulus schreibt in seinem schon zitierten Text von der geistlichen Waffenrüstung, der Waffenrüstung Gottes, im Kampf »mit Mächtigen und Gewaltigen« abschließend: »Betet allezeit mit Bitten und Flehen im Geist und wacht dazu mit aller Beharrlichkeit im Gebet für alle Gläubigen« (Epheser 6,18).

Am Ende eines Gemeindeabends in der Kreuzkirche in Weimar, wo ich ebenso auf die Gefahren des Satanismus und anderer Sekten aufmerksam gemacht habe, steht ein junges Mädchen vor mir und sagt zum Abschied: »Ich werde für Sie und alle in Sondershausen beten.«

Ich bin sicher, daß noch viele andere uns in Sondershausen mit unserem Problem in ihre Gebete einschließen. Schön ist es aber, wenn man es genau weiß und gesagt bekommt. Das schafft Geborgenheit.

»Ich werde für Sie und für alle in Sondershausen beten«, sagte das Mädchen. Der Personenkreis derer, die von der Tragödie um den Mord in Sondershausen betroffen sind und das Gebet anderer nötig haben, ist groß.

Da ist die ganze Familie Beyer, Cornelia und Peter, Sohn Christian, der Opa und viele Verwandte. Da sind die verurteilten Täter im Gefängnis, die noch nicht begriffen haben, welcher Macht sie sich ausgeliefert haben. Da sind die Menschen, die sich im Gefängnis um sie mühen, Pfarrer und Sozialarbeiter. Da sind die Eltern der Inhaftierten und ihre Familien, die unter dem, was geschehen ist, zu leiden haben. Da sind die Jugendlichen und Erwachsenen, die immer noch dem satanistischen Denken anhängen. Da sind die Lehrer, Jugendmitarbeiter, Eltern und Pfarrer, da sind der Bürgermeister und der Magistrat der Stadt, da ist die Initiative *Sekten-Info Sondershausen*, die alle versuchen, Kinder, Jugendliche und Eltern aufzuklären und alles tun, damit der satanistische Geist aus unserer Stadt verschwindet.

Wir alle haben die Geborgenheit, die die Schutzhülle der vielen Gebete schafft, dringend nötig.

II.

Als Cornelia Beyer nach dem Tod von Sandro alles durchsieht, was in seinem Zimmer auf dem Schreibtisch liegt – immer in der Hoffnung, irgendeinen Hinweis zu finden, der das Geschehene klärt, und Anhaltspunkte für Sandros Gedanken und Gefühle in den letzten Tagen vor seinem Tod –, findet sie beim Öffnen der Schreibtischschublade eine Spruchkarte, die Sandro dort hineingelegt hat.

Als sie die Karte aufnimmt, liest sie: »Von guten Mächten wunderbar geborgen, erwarten wir getrost, was kommen mag. Gott ist bei uns am Abend und am Morgen und ganz gewiß an jedem neuen Tag.«

Es ist das bekannte Gebet von Dietrich Bonhoeffer, der im Gestapogefängnis in Berlin bei einem Bombenangriff Silvester 1944 so gebetet hat. Im April 1945 ist Dietrich Bonhoeffer im KZ Flossenbürg ermordet worden. Er wußte, daß er keine Überlebenschance hatte, als er dieses Gebet formulierte: »Von guten Mächten wunderbar geborgen.« Bonhoeffer wußte sich auch im Tode geborgen bei Gott.

Er war ein Opfer der teuflischen Macht des Faschismus und dennoch wußte er sich bei Gott geborgen.

Wir haben diesen Text aus Sandros Schublade, von dem es eine wunderschöne Vertonung gibt, gesungen von Band & Jugendchor Sondershausen-Stockhausen, bei der Beerdigung von Sandro erklingen lassen.

Das gilt für uns. Das gilt aber auch für Sandro: »Von guten Mächten wunderbar geborgen.« Im Tode wissen wir ihn geborgen in Gottes Hand.

Geborgenheit, die ermutigend und tröstlich ist.

8. Kapitel:

Grabschändung

I.

Das Jahr 1994 geht zu Ende. Es ist Silvester. Es ist nicht kalt. Der Hauptfriedhof ist ein stiller Ort. Von Ferne hört man in der Stadt schon vereinzelt Knaller und Raketen ballern.

Mittags gegen 12 Uhr sind nur ganz vereinzelt noch Leute auf dem Friedhof unterwegs. Cornelia und Peter Beyer wollen das Jahr nicht hinter sich lassen, ohne noch einmal am Grab von Sandro gewesen zu sein. Das Grab hat inzwischen einen Grabstein bekommen. Aus weißem Marmor herausgehauen erkennt man einen Baum. Ein halbstarker Baumstamm mit kräftigen Wurzeln trägt ein breites Geäst mit mächtigem Blattwerk.

Doch der Stamm hat an seinem Fuß eine tiefe Kerbe. Eine gewaltige Axt hat da zugeschlagen. Der Baum neigt sich nach rechts, er fällt. Auf der glatten Fläche des Steines steht:

Sandro Beyer
* 12. 4. 1978
ermordet am 29. 4. 1993
In unseren Herzen
lebst du fort

Ein Baum, Sinnbild des Lebens, ist gefällt. Bildersprache mit dem Hinweis auf das gewaltsame Ende eines hoffnungsvollen Lebens. Doch das Bild bleibt hinter der Wirklichkeit zurück. Ausgelöscht ist das eine Leben, aber zerstört wurden noch andere. Die Axt hat mit der stumpfen Seite zurückgeschlagen, erbarmungslos.

Immer wieder komme ich auf diese Frage zurück.

Wer ist der Herr der Axt?

Cornelia und Peter wollen das Jahr 1994 am Grab von

Sandro verabschieden. Der Schmerz ist nicht mehr so wild, aber es tut immer noch sehr weh. Mit viel Verständnis und Einfühlungsvermögen werden beide von ihrer Familie, von Freunden, oft aber auch von ganz unbekannten Leuten begleitet.

Cornelia, inzwischen arbeitslos, hat vor kurzem stundenweise Arbeit angeboten bekommen. Eine freundliche Geste. Dadurch kommt sie unter Leute, und das lenkt ab. Zu Hause hat sie jetzt ihren über achtzigjährigen Schwiegervater mit in die Wohnung aufgenommen. Ohne Betreuung und Fürsorge geht es bei ihm nicht mehr. Er hat also nun den Platz von Sandro eingenommen. Das ist eine Aufgabe, die Cornelia in den kommenden Jahren zunehmend stärker belasten wird. Aber die Erinnerung an Sandro ist wach und lebendig, wie eh und je. Und dieses Jahr, das nun zu Ende geht, war sehr aufregend für die Eltern.

Der Prozeß gegen die Mörder von Sandro im Januar hat diesem Jahr den Stempel aufgedrückt. Mit der Urteilsverkündung hat sich für die Richter der Fall erledigt. Auch für die meisten Bürger in Sondershausen. Für sie ist die Sache abgeschlossen, und sie wollen darüber auch gar nichts mehr hören. Es reicht nun. Ich kann sie sogar ein bißchen verstehen, denn es ist ein sehr unerquickliches Thema.

II.

Die Diskussion kommt noch einmal in Gang, als im Oktober das Buch *Satanskinder – Der Mordfall Sandro B.* auf dem Büchermarkt erscheint. Die Autoren des Buches wollen ihr Buch zuallererst in Sondershausen, dem Ort des Geschehens vorstellen. Das scheitert fast, weil keine der beiden Buchhandlungen in der Stadt bereit ist, die Buchlesung zu veranstalten und den Büchertisch zu übernehmen. Eine Buchhändlerin erklärt mir, daß sie das mit Rücksicht auf ihre Kunden nicht machen könne. Sollte sich die Stimmung in der Stadt so verändert haben?

Ich kann es nicht fassen. Wovor haben die Buchhändler Angst?

Die Buchlesung findet dennoch statt. Das Kulturamt der Stadt ist als Veranstalter eingesprungen. Wir sind alle gespannt auf das Buch. Es ist das Ergebnis einer umfangreichen Recherche und sehr spannend geschrieben.

Jetzt erst wird allen deutlich, wie umfangreich das Maß der Verstrickung und Verflechtung in satanistischem Gedankengut bei den Jugendlichen war. Die Autoren geben vor, nur den Sachverhalt beschreiben und nicht beurteilen zu wollen. Aber in der Art, wie sie das tun, wird erkennbar, daß sie das Ganze trotz der bedrückenden Abläufe und ihrer Hintergründe als einen Pennälerjux mit tragischen Folgen betrachten.

Mit großer Verwunderung lesen wir in dem Buch, daß alle drei Verurteilten in der Erfurter Haftanstalt einsitzen, obwohl das Gericht in der Urteilsbegründung eine getrennte Unterbringung wenigstens von Andreas Kirchner entschieden hat. Die gegenseitige Beeinflussung sollte ausgeschaltet werden.

Jetzt wird uns berichtet, daß die Musiker der Black Metal Band *Absurd* im Gefängnis wieder zusammen mit anderen Musik machen. Ist das nicht absurd? Als die Buchautoren erzählen, daß sie erlebt haben, wie die Band einen ökumenischen Gefängnisgottesdienst musikalisch ausgestaltet hat, halten wir das fast für einen schlechten Witz.

Mit Fassungslosigkeit erfahren wir im letzten Kapitel des Buches, wie die Autoren herausgefunden haben und belegen, daß aus dem Gefängnis heraus und in das Gefängnis hinein brieflicher Kontakt zur Satanismusszene besteht. Sehr nachdenklich und ernst legen wir das Buch aus der Hand.

Der Chef des Buchverlages, der die Autoren nach Sondershausen begleitet hat, muß nun selber das Buch aus dem Karton verkaufen. Auch danach ist es nicht einfach, in Sondershausen an das Buch heranzukommen. Aber wer sich wirklich dafür interessiert, findet einen Weg.

Die Lektüre macht unruhig. Ärger bei den einen, neue Diskussionen bei den anderen.

III.

Auch bei Cornelia und Peter Beyer werden immer wieder Wunden aufgerissen. Sie wissen beide, daß sie noch lange damit werden leben müssen. Sie haben das Grab von Sandro jetzt fast erreicht. Sie genießen die Stille auf dem Friedhof.

Als sie an das Grab kommen und den Grabstein vor sich sehen, erstarren sie vor Schreck. Cornelia greift sich vor Entsetzen an die Brust. Peter tritt an ihre Seite und faßt sie am Arm. Sein Gesicht wirkt versteinert.

Das Grab von Sandro ist geschändet!

Der Grabhügel ist total verwüstet. Alle Pflanzen sind herausgerissen, der Grabschmuck verstreut, zwei kleine Bäumchen sind umgeknickt. Mitten auf dem Grabstein ist deutlich ein Fußabdruck zu sehen. Mit einem Fußtritt haben die Unbekannten versucht, den Grabstein umzustoßen.

Er ist stehengeblieben.

Sie sind beide wie gelähmt.

Warum lassen sie Sandro nicht in Frieden ruhn?

Warum tut man uns das an?

Haben wir denn nicht schon genug zu tragen?

Was sind das für rücksichtslose und bösartige Menschen?

Das ist kein Streich, kein Scherz!

Als erster fängt sich Peter wieder. Sie beschließen, alles in seinem Zustand zu belassen, und er geht zum Friedhofseingang, um dort den Bestatter zu sprechen. Der ist in seinem Büro und kommt sofort mit zum Grab. Anschließend informieren sie die Polizei. Die kommt auch und nimmt die Sache zu Protokoll. Einen Fotoapparat haben die Polizisten nicht dabei und eine Spurensicherung findet ebenfalls nicht statt. Beyers stellen Strafanzeige gegen Unbekannt.

Als die Polizei wieder weg ist, kommen andere Friedhofsbesucher aufgeregt an das Grab von Beyers und berichten, daß auf dem Friedhof Gräber geschändet worden sind. Besorgt wollten sie nach dem Grab von Sandro schauen.

Es sind ausnahmslos Grabkreuze, die aus der Erde herausgezogen und umgedreht wieder in die Erde gesteckt worden sind. Weiße und helle Holzkreuze, die man in der Nacht, das dürfte der Zeitpunkt der Tat gewesen sein, gut sehen konnte. Sie befinden sich alle in einer Entfernung von etwa 50 Metern von Sandros Grab.

Sofort ruft der Bestatter die Polizei nochmals an. Die nimmt auch diese Grabschändungen auf und übergibt die Unterlagen dann der Staatsanwaltschaft.

Umgedrehte Kreuze. Das deutet auf einen satanistischen Hintergrund hin.

Nach dem Wochenende bildet die Polizei eine Sonderkommission und vier Kriminalbeamte beginnen ihre schwierige Arbeit. Die Tage vergehen, und sie führen viele Gespräche. Jedem Hinweis gehen sie nach. Nichts. Keine Spur. Kein Anhaltspunkt.

Sie kommen auch zu mir und wollen von mir Hinweise haben. Ich habe keine. Aber wir kommen ins Gespräch.

Die Beamten interessiert allein die Frage: »War es eine rituelle Handlung oder war es Dummer-Jungen-Streich?« Die Frage ist wieder viel zu einfach gestellt. Immer wieder die Frage nach der »rituellen Handlung«, als ob der Satanismus nur aus Ritualen besteht. Ist keine rituelle Handlung feststellbar, dann ist es auch kein Satanismus gewesen. Das ist eine sehr oberflächliche Betrachtungsweise und zeigt nur, daß man das Wesen der Sache, gegen die ermittelt wird, noch nicht verstanden hat.

Viel gefährlicher ist die geistige Gesinnung, die innere Grundeinstellung, die einen Menschen so umdrehen kann, daß für ihn selbst die Totenruhe und der Grabhügel nicht geschützt und unantastbar sind. Wer die Würde eines lebenden Menschen nicht achten kann, hat vor der Würde, die auch einem toten Menschen innewohnt, keinen Respekt.

Ich halte eine provozierende Absicht dieser Aktion für denkbar. Man wollte Beyers wehtun, und man wollte die Stadt schockieren.

Aber der satanistische Hintergrund ist für mich genauso eindeutig. Die umgedrehten Kreuze sprechen eine deutliche Sprache.

Ich weiß nicht, ob die Kriminalbeamten davon überzeugt sind.

IV.

Einen Tag später bekomme ich unverhofft eine Bestätigung. Bei mir meldet sich telefonisch eine Frau. Sie teilt mir mit, daß die Grabstelle ihrer Angehörigen ebenfalls geschändet wurde. Die Täter haben hier ein Marmorkreuz umgedreht.

Und dann erzählt mir die Frau, daß dieses Marmorkreuz schon 1990 zum ersten Mal verschwand und dann an anderer Stelle wiedergefunden wurde. Sie hat diesen Vorfall damals der Polizei gemeldet und angefragt, ob das etwas mit irgendeiner Sekte zu tun haben könnte. Sie wurde von den Polizeibeamten ausgelacht: »So etwas gibt es doch nicht.« Aber das Kreuz verschwand immer wieder in regelmäßigen Abständen, wurde wiedergefunden, bis es ganz verschwand und nicht wieder auftauchte. Eines Tages aber, es war nach Sandros Tod, lag es plötzlich wieder an seinem alten Platz. Das Marmorkreuz war zerbrochen.

Die Familie ließ das Kreuz von einem Steinmetzen fachmännisch reparieren. Es blieb unberührt an seinem Platz bis zum 31. Dezember 1994. Dann haben sie es wieder genommen und umgedreht.

Das ist für mich der Beweis nicht nur dafür, daß die schamlose Tat einen satanistischen Hintergrund hat, sondern daß unter den Tätern mindestens noch einer dabei ist, der schon vor Sandros Tod mit in dieser Satanismus-Clique dabei war, als sie dieses Marmorkreuz hin- und hergetragen haben. Wer sonst weiß gerade um dieses Marmorkreuz am oberen Ende des Friedhofs neben dem Grabstein mit dem Engel?

Als ich mich ein paar Tage später mit dem Bestatter unterhalte, erzählt er mir, daß er im letzten Jahr schon dreimal das Grabkreuz auf Sandros Grabhügel wieder richtig hingestellt hat. Dreimal haben Unbekannte im vergangenen Jahr das Kreuz herausgezogen und umgedreht. Der Bestatter hat dann alles wieder in Ordnung gebracht, aber Frau Beyer davon nichts erzählt. Er wollte sie nicht immer wieder neu aufregen. Ich denke, das war schon richtig. Aber jetzt rundet diese Information das Bild des Geschehens ab.

Es handelt sich nicht um die spontane Aktion eines üblen »Silvester-Schabernacks«. Es ist ein wiederholtes Geschehen mit einer gewissen Steigerung. Ob wir das nun wahrhaben wollen oder nicht: Es gibt in Sondershausen noch Leute, die die satanistische Tradition fortführen.

Und dann erinnert sich auch die Polizei daran, daß am 26. Februar 1994, etwa 14 Tage nach der Urteilsverkündung, das Kriegerdenkmal auf dem Göldner, wohin Sandro bestellt worden war, rundum mit Spraydosen-Schrift besprüht wurde. Pentagramme, umgedrehte Kreuze, die Zahl 666, Satan lebt, Schauseil lebt – prangte in vier Farben an allen vier Seiten. Die Täter wurden nie ermittelt.

Ich glaube auch nicht daran, daß die Polizei diesmal mehr Erfolg haben wird. Sie haben viele befragt, aber keiner konnte einen hilfreichen Hinweis geben. Es ist wieder die Mauer des Schweigens und der Lüge, die schon damals nach dem Mord so schwer zu überwinden war.

Und dann die Angst. Viele haben ganz einfach Angst, sie könnten sich schaden, wenn sie etwas sagen.

Die Kripo erfährt nichts, und die Journalisten mit den Mikros, den Kameras und den Notizblöcken erfahren auch nichts Verwertbares. Die Aufklärung bleibt ein Zufall. An einen direkten Zusammenhang mit den Verurteilten im

Gefängnis glaube ich nicht. Es ist die zweite Generation der Satanistenszene in Sondershausen. Ihr fehlt die Phantasie und die Kreativität, die Sebastian und Hendrik entwickelt haben.

Sie bringen sich aber in Erinnerung.

V.

Die Sonderkommission der Kripo verschweigt mir bei ihrem Besuch, daß am Sonnabend vor dem 4. Advent 1994 der katholische Dom in Nordhausen mit satanistischen Parolen beschmiert worden ist. An der Außenwand wurden »Satan lebt«, »Gott ist tot« und »Ich stille meine Gier mit Katholikenblut« aufgesprüht. Auf dem Fußboden standen die Sätze »Hätte Maria abgetrieben, wär uns das erspart geblieben« und »Die Kirche hat überlebt, weil sie sich anpaßt – Hitler – Honnecker – Kohl«. Die Polizeidirektion Nordhausen erklärt, daß ein Zusammenhang mit der Friedhofsschändung in Sondershausen nicht gesehen werde, da sie in vollkommen anderer Vorgehensweise verübt worden sei.

Ich erfahre das alles zufällig aus der katholischen Wochenzeitung *Tag des Herrn.*

Am 24. Dezember 1994 sind in Freiberg/Sachsen über 200 Gräber geschändet worden. Alle Grabsteine wurden umgestoßen und die Gräber verwüstet. Am 2. Januar hat die Kripo drei Täter verhaftet. Es sind Satanisten. Haß gegen die Kirche und gegen alles Christliche sind ihre Motive gewesen. Haben die Sondershäuser Täter davon gehört und sind dadurch angestiftet worden? Auch das wäre denkbar.

Am 14. Januar 1995 findet in Sondershausen ein Konzert dreier Black und Death Metal Bands statt. *Atrocity, Crematory* und *Hate Squad* haben sich angesagt. Neben Leipzig, Berlin, Essen, Hamburg, Osnabrück steht Sondershausen auf der Tourneeliste.

Ich ahne nichts Gutes. Und dann bekomme ich von

einer Kennerin der Musikszene die Bestätigung, daß es sich um Bands mit satanistischem Hintergrund handelt, die mit Pentagrammen, umgedrehten Kreuzen und 666 werben, das Gedankengut von Aleister Crowley vertreten und antichristliche Parolen verbreiten. Den Veranstaltern und Organisatoren fehlt das Fingerspitzengefühl, das ihnen signalisiert: So etwas kann man in Sondershausen nach allem, was geschehen ist, nicht machen. Sind wir denn in Sondershausen von allen guten Geistern verlassen?

Ich gehe zum Grab von Sandro. Oft bin ich schon hierher gegangen, wenn ich eine Beerdigung auf dem Friedhof gehalten habe. Nichts erinnert mehr an die schändliche Tat. Eine Schneedecke hüllt alles ein und verbindet sich mit dem weißen Marmor des Grabsteins.

Vor 20 Monaten haben wir Sandro hier begraben.

Noch immer haben wir das Geschehene nicht bewältigt.

Und was auf uns zukommt, macht uns Angst.

Bücher, aus denen zitiert wurde

Liane v. Billerbeck / Frank Nordhausen
Satanskinder. Der Mordfall Sandro B.
Berlin 1994

Heide-Marie Cammans
Okkultismus – zwischen Suche und Sucht
Recklinghausen 1994

Josef Dvorak
Satanismus (Geschichte und Gegenwart)
München 1993

Aleister Crowley / Michael D. Eschner
Liber Al vel Legis (mit Kommentaren)
Bergen/Dumme 1993

Friedrich-Wilhelm Haack
Geheimreligion der Wissenden
München 1966

Lexikon der Sekten, Sondergruppen und
Weltanschauungen
Freiburg 1991

Zur weiteren Information über »Satanismus«

Fachliteratur:

A. Rosenberg
Praktiken des Satanismus
1965

Horst Knaut
Das Testament des Bösen
(Kulte, Morde, Schwarze Messen)
Stuttgart 1979

J. Symonds
Aleister Crowley. Das Tier 666
Basel 1983

St. Przybyszewski
Die Gnosis des Bösen
(Entstehung und Kult des Hexensabbats, des Satanismus und der Schwarzen Messe)
1984

K.H.R. Frick
Satan und die Satanisten, Bd. 1-3
Graz 1982-1986

Bernhard Wenisch
Satanismus
(Schwarze Messen, Dämonenglaube, Hexenkulte)
Mainz/Stuttgart 1989

Friedrich-Wilhelm Haack
Satan – Teufel – Luzifer
München 1987

A. Haack / F.-W. Haack
Jugendspiritismus und -satanismus
München 1990

Friedrich-Wilhelm Haack
Anmerkungen zum Satanismus
München 1991

Gerhard Zacharias
Der dunkle Gott
Wiesbaden 1982

Gerhard Zacharias
Satanskult und Schwarze Messe
Wiesbaden 1990

Ricarda S.
Satanspriesterin
München 1993

U. Bäumer
Rock. Musikrevolution des 20. Jahrhunderts
Bielefeld 1989

U. Bäumer
Wir wollen nur deine Seele (Rockszene und Okkultismus)
Wuppertal 1990

Frauke Hunfeld / Thomas Dreger
Jugend-Okkultismus
Zwischen Satanismus, Esoterik und Parapsychologie
München 1993

Belletristik:

Werner Schmitz
Auf Teufel komm raus
Köln 1988

Carlo Ross
Michael im Teufelskreis
Recklinghausen 1990

Michael Buschmann
Tatort Schulhof
Asslar 1994

WEITERE R. BROCKHAUS TASCHENBÜCHER

487 **Wer bist du, Adam?** v. S. Kettling
488 **Gelebte Jüngerschaft** v. O. Sanders
489 **Depression** v. M. u. H. Horie
490 **Spiel mit den Geistern** v. R. Ruthe
491 **Zu wem beten Lokomotiven?** v. J. Werth
492 **Jetzt mal ehrlich** v. M. Yaconelli
493 **Liebe am Ende – Ehe am Ende?** v. E. Rieht
494 **Planmäßig anders** v. L. Haase
495 **Kurs Ehe** v. A. u. R. Fryling
496 **Leben, das vor uns liegt** v. M. u. H. Horie
497 **22 Zeitspartips** v. J. Knoblauch
498 **Tiki contra Chaos** v. W. Küstenmacher
499 **Fragen lohnt sich** v. A. McGrath
500 **Bis du's Mose?** v. W. Küstenmacher
501 **Den Aufbruch wagen** v. B. Schlottoff
502 **Die älteste Evangelien-Handschrift?** v. C. P. Thiede
503 **Was wir heute feiern** v. M. Haupt
504 **Telefonieren mit Tiki** v. W. Küstenmacher
505 **Familie als System** v. M. u. H. Horie
506 **Jesus für Skeptiker** v. J. Spieß
510 **Und Lydia öffnete ihr Haus** v. L. Haase
514 **Gespendetes Leben** v. K.-F. Seibel
515 **Warum muß ich immer helfen?** v. N. van der Voet
516 **Der Himmel läßt grüßen** v. J. Werth
517 **Der verlorene Chip** v. T. Ehlert
518 **Betrifft: Kirche und Homosexualität** v. U. Eibach u.a.
812 **Rocky, der Mann mit der Maske** v. M. Ackermann
814 **Die fröhliche Blechkirche** v. F. Pawelzik
817 **Die Zuflucht** v. C. ten Boom
821 **Ein Taxi bitte!** v. L. Schmechel
825 **Biggi – Eine von der Reeperbahn** v. M. Ackermann
831 **Kiddy – Von Kurdistan zum Bahnhof Zoo** v. M. Ackermann
832 **Ein Engel im Milieu** v. F. Pawelzik
838 **Lieber ganz als gar nicht** v. R. Kauffmann
839 **Locke sie wie eine Taube** v. J. West
841 **Blöken kann jedes Schaf** v. H. Traub
842 **Das Glück in der Tüte** v. F. Pawelzik
843 **Weggetaucht ins Land der Hoffnung** v. W. Bock
844 **Jasmin – Zwischen Trümmern wächst die Hoffnung** v. M. Ackermann
845 **Um Füße bat ich und er gab mir Flügel** v. D. C. Wilson
846 **Weißt du, wie der Kuckuck ruft?** v. S. Singer
847 **Zwei Karten für den wilden Oskar** v. R. Kauffmann
848 **Ich laß es mir nicht wegmachen** v. M. Ackermann
849 **Faustrecht – Einer durchbricht den Teufelskreis** v. R. Fietzke
850 **Kopf hoch, auch wenn der Hals schmutzig ist** v. H. Knorn
852 **Mit Gott durch dick und dünn** v. C. ten Boom
853 **Nur keine Panik** v. R. Kauffmann
854 **Wechselnde Horizonte** v. W. Leich
855 **Die Jesus-Freaks** v. M. Ackermann
856 **Zähle die Tage meiner Flucht** v. M. Kirk
857 **Shirsat** v. S. Singer
859 **Dennoch** v. C. ten Boom